| www.dongyangbooks.com |

새로운 도서, 다양한 자료
동양북스 홈페이지에서 찾아보세요!

홈페이지 활용하여 내 실력 두 배 늘리기!

———— 홈페이지 이렇게 활용해보세요! ————

1 도서 자료실에서 학습자료 및
MP3 무료 다운로드!

❶ 도서 자료실 클릭
❷ 검색어 입력
❸ MP3, 정답과 해설, 부가자료 등
첨부파일 다운로드

* 원하는 자료가 없는 경우 '요청하기' 클릭!

2 동영상 강의를 어디서나 쉽게!
외국어부터 바둑까지!

500만 독자가 선택한

가장 쉬운
독학 일본어 첫걸음
14,000원

가장 쉬운
독학 중국어 첫걸음
14,000원

가장 쉬운
독학 베트남어 첫걸음
15,000원

가장 쉬운
독학 스페인어 첫걸음
15,000원

가장 쉬운
독학 프랑스어 첫걸음
16,500원

가장 쉬운
독학 태국어 첫걸음
16,500원

가장 쉬운
프랑스어 첫걸음의 모든 것
17,000원

가장 쉬운
독일어 첫걸음의 모든 것
18,000원

가장 쉬운
스페인어 첫걸음의 모든 것
14,500원

첫걸음 베스트 1위!

가장 쉬운 러시아어
첫걸음의 모든 것
16,000원

가장 쉬운 이탈리아어
첫걸음의 모든 것
17,500원

가장 쉬운 포르투갈어
첫걸음의 모든 것
18,000원

버전업! 가장 쉬운
베트남어 첫걸음
16,000원

가장 쉬운 터키어
첫걸음의 모든 것
16,500원

버전업! 가장 쉬운
아랍어 첫걸음
18,500원

가장 쉬운 인도네시아어
첫걸음의 모든 것
18,500원

버전업! 가장 쉬운
태국어 첫걸음
16,800원

가장 쉬운 영어
첫걸음의 모든 것
16,500원

버전업! 굿모닝
독학 일본어 첫걸음
14,500원

가장 쉬운 중국어
첫걸음의 모든 것
14,500원

오늘부터는 팟캐스트로 공부하자!

팟캐스트 무료 음성 강의

▶▶1
iOS 사용자

Podcast 앱에서
'동양북스' 검색

▶▶2
안드로이드 사용자

플레이스토어에서 '팟빵' 등
팟캐스트 앱 다운로드,
다운받은 앱에서
'동양북스' 검색

▶▶3
PC에서

팟빵(www.podbbang.com)에서
'동양북스' 검색
애플 iTunes 프로그램에서
'동양북스' 검색

◉ **현재 서비스 중인 강의 목록** (팟캐스트 강의는 수시로 업데이트 됩니다.)

- 가장 쉬운 독학 일본어 첫걸음
- 페이의 적재적소 중국어
- 가장 쉬운 독학 중국어 첫걸음
- 중국어 한글로 시작해
- 가장 쉬운 독학 베트남어 첫걸음

| 일본어뱅크 |

배우면 배울수록 일본어가 좋아지는

좋아요
일본어

감영희·사이키 가쓰히로·사쿠마 시로 지음

6

동양북스

| 일본어뱅크 |

배우면 배울수록 일본어가 좋아지는

좋아요 일본어 6

초판 인쇄 | 2019년 11월 20일
초판 발행 | 2019년 11월 30일

지은이 | 감영희, 사이키 가쓰히로, 사쿠마 시로
발행인 | 김태웅
편집장 | 강석기
책임편집 | 길혜진
디자인 | 정혜미, 이하나
마케팅 | 나재승
제 작 | 현대순
일러스트 | 임은정

발행처 | (주)동양북스
등 록 | 제 2014-000055호
주 소 | 서울시 마포구 동교로22길 14 (04030)
구입문의 | 전화 (02)337-1737   팩스 (02)334-6624
내용문의 | 전화 (02)337-1762   dybooks2@gmail.com

ISBN 979-11-5768-570-7 14730
     979-11-5768-282-9 (세트)

이 도서의 국립중앙도서관 출판예정도서목록(CIP)은 서지정보유통지원시스템 홈페이지(http://seoji.nl.go.kr)와 국가자료공동목록시스템
(http://www.nl.go.kr/ kolisnet)에서 이용하실 수 있습니다.
(CIP제어번호:CIP2019044349)

머리말

    일본어는 한국인에게 배우기 쉬운 외국어로 알려져 있습니다. 그것은 양국의 언어가 같은 우랄·알타이어족으로 어순이 같고 문법이나 어휘적 측면에서 비슷한 부분이 많기 때문일 것입니다. 또한 음성학적으로도 몇 가지 발음체계 자체의 상이함이나 한국어에는 없는 발음도 있지만, 일본어 발음에 필요한 요소들 대부분은 한국인 학습자에게 그다지 어렵지 않을 것이라는 판단 때문입니다.

    본 교재는 그러한 측면에서 '일본어를 학습하는 데 있어 한국인 학습자가 지닌 장점'을 최대한 활용할 수 있도록 노력하였습니다. 이를 위해 때로는 복잡한 부분을 생략하거나 보다 더 간략하게 정리하기도 했습니다.

    예를 들면, 유사한 문법을 많이 다루거나 비교를 위해 필요 이상으로 복잡한 연습을 시키는 일은 하지 않았습니다. 또한, 접속 형태나 의미 기능에 관해서도 상세한 설명은 하지 않고 예문과 연습 문제를 통해 쉽게 이해할 수 있도록 유도하였습니다. 꼭 필요한 경우에는 [Tip]을 달아 간략하게 설명하는 것으로 대체했습니다. 그리고 문법이 단계별로 구성되어 있지만 일반적인 문법 교재에 나올 만한 문법을 모두 다루지는 않았습니다. 기본은 단계별로 하되, 그보다 더 사용빈도가 높거나 공부하기 쉬운 문법을 중요시했기 때문입니다.

    이 시점에서 '심화학습을 기대하기 어렵다'는 불만이 나올 수도 있습니다. 하지만 저자 일동은 문법 사항을 총망라하는 것보다 비교적 이해하기 쉽고 사용에 편리한 내용을 우선 도입함으로써, 학습자의 마음을 편히 하고 재미있는 학습을 유도하여 성취감을 얻을 수 있다는 점에 더 중점을 두었습니다. 학습 과정에서 어려운 벽에 부딪혀 중도에 포기하고 마는 안타까운 일이 있어서는 안 되기 때문입니다. 저자 일동은 학습자들이 본 교재를 통해 '일본어는 정말 쉽고 재미있다'는 생각을 하게 되기를 진정으로 바랍니다.

    외국어 학습이란 긴 여행과도 같습니다. 아무리 뛰어난 교재라 할지라도 긴 여행에 필요한 모든 것을 갖추기란 어려운 일입니다. 본 교재는 이제 중급 수준으로 올라 거기서 만나게 될 다양한 표현들을 익히는 데에 필요한 최소한의 내용을 가장 알차게 다룸으로써, 실패하는 학습자가 생기지 않도록 세심한 주의를 기울여 구성하였습니다. 일본어 학습이라는 기나긴 여행을 본 교재와 함께한다면, 가던 길을 금방 멈추고 되돌아서는 일은 결코 없을 것임을 확신합니다.

    부디 학습자 여러분의 일본어 학습에 도움이 되는 좋은 교재가 되기를 희망하며, 좋은 성과가 있기를 기원합니다.

    감사합니다.

2019년 10월 저자 일동

이 책의 구성과 특징

▶ 전체 구성

모두 10개 과로 구성되었으며, 각 과는 회화, 문법 설명, 심화 학습을 위한 다양한 연습, 문제 풀이, 펜맨십, 일본 언어 탐구 등을 배치하여 학습의 효율성을 극대화하는 데 역점을 두었다. 이상의 요소를 아래에 자세하게 설명한다.

1. 단원 소개

각 과의 제목과 해당 과에서 학습하게 될 주요 내용을 간략하게 소개한다.

2. 회화

각 과에서 학습할 모든 사항이 집약된 메인 회화문이다. 먼저 읽기와 뜻 파악에 도전해 보고, 문법 사항들을 학습한 후에 다시 한 번 도전해 봄으로써 학습자 스스로 향상된 실력을 점검해 볼 수 있다.

3. 학습 포인트

각 과에서 학습할 문법을 항목별로 자세하게 다루었다. 특히 각 항목마다 제공되는 풍부한 예문은 이해도를 높여 학습 동기 부여에 큰 도움이 된다.

4. 연습

'학습 포인트'에서 익힌 내용을 '공란을 채워 문장 완성하기' 등의 방법을 이용해 연습함으로써 핵심 내용을 확실하게 자기 것으로 만들 수 있도록 했다.

5. 회화 연습

주어진 질문에 대답하는 형식이다. 대답은 정답이 있는 것이 아니라 학습자의 상황에 맞는 대답을 하는 형식이어서 강의실에서 다양한 상황을 연출할 수 있다. 이는 학습자의 수업 참여도에 큰 이점으로 작용할 것으로 기대된다.

6. 읽기 연습

각 과에서 학습한 내용이 집약된 비교적 긴 문장을 읽고 해석해 봄으로써 지금까지 학습한 내용을 되새김하는 시간을 제공한다. 얼마나 정확한 해석이 가능한지 측정해 보고, 특히 읽을 때는 처음부터 끝까지 틀리지 않고 읽을 수 있도록 도전해 보는 것도 좋은 효과를 낼 수 있다.

7. 쓰기 연습

학습한 내용을 바탕으로 지시문에 따라 자신의 생각을 일본어로 옮겨 보는 작문 연습이다. 이는 말하기 연습과 같은 효과를 낼 수 있어서 '읽기 연습'과 더불어 각 과의 최종 정리 시간이 된다.

8. JLPT에 도전!!

각종 시험에서 나올 수 있는 문제 형식을 이용해 각 과에서 학습한 내용도 점검하고 JPT, JLPT 등 대표적인 일본어 능력시험의 문제 형식에도 익숙해질 수 있어서 일거양득의 효과를 기대할 수 있다.

* 일본 문화 탐방

'일본 문화 탐방'에서는 일본을 이해하는 기초 자료와 관련 이미지를 함께 제공한다. 언어는 문화에서 나오는 만큼 문화를 이해하는 힘은 일본어 능력 향상에도 큰 도움이 될 것이다.

* 펜맨십

'펜맨십'에서는 각 과에서 학습한 내용과 관련된 가타카나와 한자 어휘를 직접 따라 써 보면서 익힐 수 있도록 구성하였다.

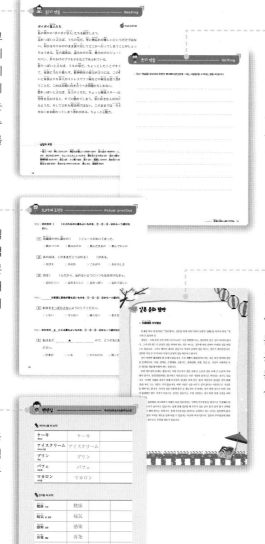

차례

머리말 · 3

이 책의 구성과 특징 · 4

Lesson 1　本当に忘れっぽいですね。 정말 잘 깜빡하네요. · 9

회화 🎵 Track 6-01-01 │ 학습 포인트 │ 연습 │ 회화 연습 │

읽기 연습 🎵 Track 6-01-02 │ 쓰기 연습 │ JLPT에 도전!! │ 일본 문화 탐방 │ 펜맨십

Lesson 2　母というより妹みたいです。 엄마라기보다 여동생 같습니다. · 23

회화 🎵 Track 6-02-01 │ 학습 포인트 │ 연습 │ 회화 연습 │

읽기 연습 🎵 Track 6-02-02 │ 쓰기 연습 │ JLPT에 도전!! │ 펜맨십

Lesson 3　打ち合わせは金曜日でしたっけ。 미팅은 금요일이었나요? · 37

회화 🎵 Track 6-03-01 │ 학습 포인트 │ 연습 │ 회화 연습 │

읽기 연습 🎵 Track 6-03-02 │ 쓰기 연습 │ JLPT에 도전!! │ 펜맨십

Lesson 4　首にならずにすみました。 다행히 잘리지 않았습니다. · 51

회화 🎵 Track 6-04-01 │ 학습 포인트 │ 연습 │ 회화 연습 │

읽기 연습 🎵 Track 6-04-02 │ 쓰기 연습 │ JLPT에 도전!! │ 일본 문화 탐방 │ 펜맨십

Lesson 5　大したことなくてよかったです。 · 65
별일 아니라서 다행입니다.

회화 🎵 Track 6-05-01 │ 학습 포인트 │ 연습 │ 회화 연습 │

읽기 연습 🎵 Track 6-05-02 │ 쓰기 연습 │ JLPT에 도전!! │ 일본 문화 탐방 │ 펜맨십

Lesson 6 部長を通して知り合いました。 부장님을 통해 알게 되었습니다. · 79

회화 🎵 Track 6-06-01 │ 학습 포인트 │ 연습 │ 회화 연습 │

읽기 연습 🎵 Track 6-06-02 │ 쓰기 연습 │ JLPT에 도전!! │ 일본 문화 탐방 │ 펜맨십

Lesson 7 当分行けそうもありません。 당분간 못 갈 것 같습니다. · 93

회화 🎵 Track 6-07-01 │ 학습 포인트 │ 연습 │ 회화 연습 │

읽기 연습 🎵 Track 6-07-02 │ 쓰기 연습 │ JLPT에 도전!! │ 일본 문화 탐방 │ 펜맨십

Lesson 8 やせるのがいつもいいこととは限りません。 · 107

살이 빠지는 것이 항상 좋은 일이라고는 할 수 없습니다.

회화 🎵 Track 6-08-01 │ 학습 포인트 │ 연습 │ 회화 연습 │

읽기 연습 🎵 Track 6-08-02 │ 쓰기 연습 │ JLPT에 도전!! │ 펜맨십

Lesson 9 卒業に向けて頑張らなくちゃ。 졸업을 목표로 열심히 해야지. · 121

회화 🎵 Track 6-09-01 │ 학습 포인트 │ 연습 │ 회화 연습 │

읽기 연습 🎵 Track 6-09-02 │ 쓰기 연습 │ JLPT에 도전!! │ 일본 문화 탐방 │ 펜맨십

Lesson 10 本当の愛とは何でしょうか。 진정한 사랑이란 무엇일까요? · 135

회화 🎵 Track 6-10-01 │ 학습 포인트 │ 연습 │ 회화 연습 │

읽기 연습 🎵 Track 6-10-02 │ 쓰기 연습 │ JLPT에 도전!! │ 펜맨십

부록

회화 및 읽기 연습 해석 · 150

JLPT에 도전!! 정답 · 155

색인 · 156

참고 문헌 · 167

동사 활용 정리

	사전형	ます형 (~합니다)		て형 (~하고, ~해서)	
1그룹	会う (만나다)	会い	ます	会っ	て
	聞く (듣다)	聞き	ます	聞い	て
	話す (이야기하다)	話し	ます	話し	て
2그룹	食べる (먹다)	食べ	ます	食べ	て
	見る (보다)	見	ます	見	て
3그룹	する (하다)	し	ます	し	て
	来る (오다)	来	ます	来	て

	ない형 (~하지 않다)		た형 (~했다)		가능형 (~할 수 있다)
1그룹	会わ	ない	会っ	た	会える
	聞か	ない	聞い	た	聞ける
	話さ	ない	話し	た	話せる
2그룹	食べ	ない	食べ	た	食べられる
	見	ない	見	た	見られる
3그룹	し	ない	し	た	できる
	来	ない	来	た	来られる

本当に
忘れっぽいですね。

ほん とう
わす

정말 잘 깜빡하네요.

point

01 〜っぽい　쉽게 〜한다, 〜처럼 보인다

02 〜かけの　〜하다 만

03 〜恐れがある　〜할/의 우려가 있다
おそ

Track 6-01-01

原田（はらだ） あ、パン屋（や）さんだ。ケーキでも買（か）って帰（かえ）ろうかなあ。

郭（クァク） おいおい、部屋（へや）に食（た）べかけのケーキ残（のこ）ってるって言（い）ってなかった？

原田（はらだ） あ、そっか。
でも、それだけケーキが食（た）べたいってことなんだよ。

郭（クァク） ホントに忘（わす）れっぽいなあ。
ふむふむ、これは病気（びょうき）の恐（おそ）れがございますな。

原田（はらだ） 何（なに）？ぼけたとでも言（い）いたいの？

郭（クァク） いえいえ、重度（じゅうど）のケーキ食（た）べたい病（びょう）の恐（おそ）れがございます。

▶ **낱말과 표현**

残（のこ）る 남다 │ **それだけ** 그만큼 │ **ふむふむ** 생각하다가 납득했을 때 쓰는 말 │ **ぼける** 치매에 걸리다 │
重度（じゅうど） 중증, (병의 정도가) 심각함 │ **～病（びょう）** ～병

01 ～っぽい 쉽게 ~한다, ~처럼 보인다

» 【동사 ます형】+ っぽい

» 【명사】+ っぽい

| 예문 |

❶ 飽きっぽいので、いつも三日坊主で終わります。

금방 질리는 성격이기 때문에 늘 작심삼일로 끝납니다.

❷ その惚れっぽい性格、直した方がいいよ。

그 쉽게 반해 버리는 성격, 고치는 게 좋아.

❸ あの人、何となく日本人っぽくないですか。

저 사람, 왠지 일본인처럼 보이지 않아요?

❹ あの子まだ10歳だって？信じられないくらい大人っぽいね。

저 애 아직 10살이라고? 못 믿을 정도로 어른스럽네.

❺ 何かこの部屋、ほこりっぽくない？

왠지 이 방, 먼지가 많지 않아?

Tip

회화체로는 보통체(な형용사는 어간) 접속으로 '～みたいだ'와 같은 뜻으로 사용되는 경우도 많습니다. 이때 'みたいだ'보다 더 속된 느낌이 있습니다.

あの子、彼氏がいるっぽいよ。
쟤 말이야, 남친이 있는 것 같아.

Tip

해석이 다양하지만, 기본적으로 "그 말이 지닌 성질이 눈에 띈다"는 것을 나타냅니다. 그리고 예문 ⑤의 'ほこりっぽい(먼지가 많다)'처럼 '水っぽい(음식 따위가 묽다)', '色っぽい(요염하다)', '安っぽい(싸구려 같다)' 등 한 단어로 쓰이는 것들도 많기 때문에 자주 쓰는 표현은 통째로 외우는 것이 좋습니다.

▶ **낱말과 표현**

飽きる 질리다 | 三日坊主 작심삼일 | 何となく 왠지 | 惚れる 반하다 | 直す 고치다 | ほこり 먼지

02 ～かけの ～하다 만

» 【동사 ます형】+ かけの

| 예문 |

❶ この飲みかけの牛乳、誰の？

이 마시다 만 우유 누구 거야?

❷ 宿題まだ終わってないでしょ？ やりかけのまま遊ばない！

숙제 아직 안 끝났지? 하다 만 채 놀지 말고!

❸ あの編みかけのマフラー、ひょっとして僕の誕生日プレゼントかな。

저 뜨다 만 목도리, 혹시 내 생일 선물인가?

❹ この腐りかけのオレンジ、どうする？食べる？捨てる？

이 썩어 가는 오렌지, 어떡할 거야? 먹어? 버려?

Tip

동사 형태 '～かける'인 경우 '～하려고 하다', '～하려다가 말다'라는 뜻으로 사용됩니다.

言いかけてやめないでください。
말하려다가 그만두지 마세요.

Tip

'の'를 붙이지 않고 '～かけ'만 쓰면 '～하다가 만 것', '～하고 있는 도중'이라는 뜻이 됩니다.

この本はまだ読みかけなので、貸せません。
이 책은 아직 읽고 있는 도중이기 때문에 빌려줄 수 없습니다.

Tip

예문 ④처럼 자동사의 경우 '～해 가는'이라는 뜻으로도 쓰입니다.

▶ **낱말과 표현**

編む 뜨다, 짜다 | マフラー 목도리 | ひょっとして 혹시 | 腐る 썩다

03 ～恐れがある ～할/의 우려가 있다

» 【동사 기본형】+ 恐れがある

» 【명사】+ の恐れがある

Tip

ない형에 접속하는 경우도 있습니다.
明日までに終わらない恐れがあります。
내일까지 끝나지 않을 우려가 있습니다.

| 예문 |

❶ 健康を害する恐れがありますので、飲みすぎには注意しましょう。

건강을 해칠 우려가 있기 때문에 과음에는 주의합시다.

❷ あの会社は倒産の恐れがあるので、融資は断った方がいいですね。

그 회사는 도산할 우려가 있기 때문에 융자는 거절하는 게 좋겠네요.

❸ 食生活を見直さないと、再発を繰り返す恐れがありますよ。

식생활을 재검토하지 않으면 재발을 반복할 우려가 있습니다.

❹ 逃亡や証拠隠滅の恐れがないと判断されれば、じきに保釈されると思います。

도망이나 증거인멸의 우려가 없다고 판단되면 곧 보석될 거라고 생각합니다.

▶ **낱말과 표현**

害する 해치다 | **倒産** 도산 | **融資** 융자 | **断る** 거절하다 | **食生活** 식생활 | **見直す** 다시 보다, 재검토하다 | **再発** 재발 |
繰り返す 반복하다 | **逃亡** 도망 | **証拠隠滅** 증거인멸 | **判断** 판단 | **じきに** 곧, 머지않아 | **保釈** 보석

▶ 아래 예와 같이 문장을 완성해 봅시다.

예)

あの子、まだ中学生なんですか？ すごく大人っぽいですね。

저 아이, 아직 중학생이에요? 너무 어른스럽네요.

❶ うちの母は＿＿＿＿＿＿＿＿＿＿＿て、

いつも私に甘えてきます。

❷ それ、さっき説明したばかりですよ。

本当にもう、＿＿＿＿＿＿＿＿＿＿んだから。

❸ 彼の言うことは、

いつも＿＿＿＿＿＿＿＿＿＿＿ので信じられません。

❹ 何かこのカレー、＿＿＿＿＿＿＿＿＿＿ね。

もうちょっとルー入れてよ。

❺ あの先生は悪い先生じゃないんですが、

＿＿＿＿＿＿＿＿＿＿ので少し怖いです。

水	大人	嘘	子供	怒る	忘れる

▶ 낱말과 표현

甘える 응석 부리다 ｜ 水っぽい (음식이) 묽다 ｜ ルー 고형 소스 ｜ 嘘 거짓말 ｜ 怒る 화내다 ｜ 忘れる 잊다

14

▶ 아래 예와 같이 문장을 완성해 봅시다.

예)

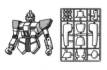

この<u>作りかけ</u>のプラモデルは、いつごろ完成するの？

이 만들다 만 프라모델은 언제쯤 완성할 거야?

作る

❶ ＿＿＿＿＿＿＿＿＿の絵を見ただけで、

すごい画家だとわかりますね。

描く

❷ あの＿＿＿＿＿＿＿＿＿のアイスクリーム、

溶けちゃったらもったいないよ。

食べる

❸ 彼女のカバンの中から＿＿＿＿＿＿＿＿＿の手

袋が見えたけど。やっぱり彼氏がいるのかな。

編む

❹ テーブルの上に＿＿＿＿＿＿＿＿＿のバナナが

あったけど、誰も食べないなら食べちゃうよ。

剥く

▶ **낱말과 표현**

プラモデル 프라모델 | **完成** 완성 | **描く** 그리다 | **画家** 화가 | **溶ける** 녹다 | もったいない 아깝다 |
編む 뜨다, 짜다 | **手袋** 장갑 | **剥く** 까다

▶ 아래 예와 같이 문장을 완성해 봅시다.

예)

1 | 해일 | 小_{ちい}さな地震_{じしん}でも津波_{つなみ}のおそれがありますので、
気_きを付_つけましょう。
작은 지진이라도 해일의 우려가 있으니 조심합시다.

2 | 멈추다 | この時期_{じき}は、大雪_{おおゆき}のため
電車_{でんしゃ}が止_とまるおそれがあります。
이 시기에는 폭설로 인해 전철이 멈출 우려가 있습니다.

❶ 화재 | ＿＿＿＿＿＿＿＿＿＿＿＿＿＿＿＿がありますので、
燃_もえやすいものは近_{ちか}づけないでください。

❷ 감염되다 | ＿＿＿＿＿＿＿＿＿＿＿＿＿＿＿＿がありますので、
必_{かなら}ずマスクを着用_{ちゃくよう}して行_{おこな}います。

❸ 전락 | この道_{みち}は、＿＿＿＿＿＿＿＿＿＿＿＿＿がありますので、
ガードレールを設置_{せっち}してほしい。

❹ (직장에서)
해고되다 | 副業_{ふくぎょう}は、ばれると＿＿＿＿＿＿＿＿＿＿＿＿が
ありますので、留意_{りゅうい}してください。

▶ **낱말과 표현**

地震_{じしん} 지진 | 津波_{つなみ} 해일 | 大雪_{おおゆき} 폭설 | 火災_{かさい} 화재 | 燃_もえる (불에) 타다 | 近_{ちか}づける 가까이 대다 | 感染_{かんせん}する 감염되다 |
着用_{ちゃくよう} 착용 | 転落_{てんらく} 전락 | ガードレール 가드레일 | 設置_{せっち} 설치 | 副業_{ふくぎょう} 부업 | ばれる 들키다 |
首_{くび}になる (직장에서) 잘리다, 해고되다 | 留意_{りゅうい} 유의

▶ 주어진 질문에 예와 같이 대답해 봅시다.

① 周りに子供っぽい／大人っぽい人はいますか。

예) はい、お隣の○○ちゃんは、まだ小学生ですが大人っぽいです。

_____

② 周りに忘れっぽい／飽きっぽい／怒りっぽい人はいますか。

예) はい、友達の○○さんは、忘れっぽくてよく約束をすっぽかします。

_____

③ 何かやりかけのものはありますか。

예) はい、読みかけの本が、3冊もあります。がんばって早く読まないと。

_____

④ どんな場合に健康を害するおそれがありますか。

예) 運動をしないでいると、健康を害するおそれがあります。

_____

▶ **낱말과 표현**

すっぽかす (약속 등을) 어기다

ポイポイ星人たち

私の周りの「ポイポイ星人」たちを紹介しよう。

忘れっぽいと言えば、うちの兄だ。単に物忘れが激しいというだけではない。何かをやりかけのまま放り出してどこかへ行ってしまうことがしょっちゅうある。兄の部屋は、読みかけの本、飲みかけのジュース、食べかけのパン、作りかけのプラモデルなどであふれている。

怒りっぽいと言えば、うちの母だ。ちょっとしたことですぐに腹を立てて、家族に当たり散らす。精神科医の叔父が言うには、この性格を直さないと家族よりも本人がストレスでうつ病などの病気を患う恐れがあるということだ。これは真剣に向き合うべき問題かもしれない。

惚れっぽいと言えば、友人のミカだ。ちょっと韓流スターっぽい顔立ちの男性を見かけると、すぐに惚れてしまう。常に好きな人が20人くらいはいるようだ。そしてどれも現実的ではない。このままでは一生本物の恋ができないまま終わってしまう恐れがある。ちょっと心配だ。

▶ **낱말과 표현**

~星人 ~성인 ┃ 単に 단순히, 단지 ┃ 物忘れが激しい 건망증이 심하다 ┃ 放り出す 내팽개치다 ┃ しょっちゅう 자주, 빈번히 ┃ あふれる 넘치다 ┃ ちょっとしたこと 사소한 일 ┃ 腹を立てる 짜증을 내다 ┃ 当たり散らす 마구 화풀이하다 ┃ 精神科医 정신과 의사 ┃ 叔父 삼촌 ┃ うつ病 우울증 ┃ 患う 앓다 ┃ 真剣に 진지하게 ┃ 向き合う 대면하다, 맞붙다 ┃ 顔立ち 얼굴 생김새 ┃ 見かける 어쩌다가 보게 되다 ┃ 常に 항상 ┃ 現実的 현실적

▶ [읽기 연습]을 참고하여 주변의 '뽀이뽀이성인(쉽게 ~하는 사람들)'을 소개하는 글을 써 봅시다.

問題1 次の文の（　　　）に入れるのに最もよいものを、①・②・③・④から一つ選びなさい。

1　冷蔵庫の中に誰かの（　　　）ジュースがおいてあった。

①　飲みつつの　　②　飲みかけの　　③　飲んだままの　　④　飲んでからの

2　あの店は、このままだとつぶれる（　　　）がある。

①　おびえ　　　②　おそれ　　　③　こわがり　　　④　おそろしさ

3　君は（　　　）んだから、忘れないようにいつも気を付けなきゃ。

①　忘れにくい　　②　忘れるらしい　　③　忘れっぽい　　④　忘れてほしい

問題2　＿＿＿＿の言葉に意味が最も近いものを、①・②・③・④から一つ選びなさい。

4　約束をすっぽかさないようにしてください。

①　しない　　　②　守らない　　　③　破らない　　　④　変えない

問題3 次の文の　★　に入る最もよいものを、①・②・③・④から一つ選びなさい。

5　私はまだ ＿＿＿＿ ＿★＿ ＿＿＿＿ ＿＿＿＿ ので、どうぞ先に帰ってください。

①　仕事が　　　②　いる　　　③　やりかけの　　　④　残って

일본 문화 탐방

▶ **夫婦別姓** 부부별성

　　문제를 하나 내 볼까요? "일본에서는 결혼을 하게 되면 아내가 남편의 성(姓)을 따라야 한다." 맞으면 O! 틀리면 X!

　　정답은… X입니다! 듣던 바와 다르다고요? 사실 현행법으로는 결혼하면 같은 성이 되어야 합니다. 그러니까 반드시 남성의 성을 따라야 하는 것은 아니죠. 경우에 따라 남편이 아내의 성을 따를 수도 있습니다. 그러나 예부터 내려온 관습으로 아내가 남편의 성을 따르는 경우가 대부분입니다. 결혼한 여성 중 무려 95% 이상이 남성의 성을 따른다고 합니다.

　　성이 바뀌면 해결해야 할 문제가 많습니다. 우선 재빨리 해결되어야 하는 것은 법적 명의와 관련된 문제입니다. 여권, 면허증, 은행계좌, 신용카드, 휴대전화, 보험, 연금 등. 자신이 사용하던 모든 명의를 새롭게 바꿔야 하는 것입니다.

　　또한 업무상의 문제도 생깁니다. 어떤 연구자가 결혼 전에 쓴 논문과 결혼 후에 쓴 논문의 저자명이 달라서, 동일인물인데도 불구하고 서류상으로는 다른 사람의 업적으로 처리되는 경우도 있습니다. 이러한 사태를 피하기 위해 호적상의 성(결혼 후에 얻은 성)과 직업상의 성(결혼 전의 원래성)을 따로 쓰는 사람도 적지 않습니다. 어떤 사람은 성을 바꾸고 싶지 않다는 이유만으로 사실혼을 택하기도 합니다. 자녀의 성을 어떻게 할지 등 제도적인 것 외에도 성이 바뀐 것으로 인한 사회적 불편함은 한두 가지가 아닙니다. 본인은 물론이고, 주변 사람들도 성이 바뀐 것에 신경을 써야하니까요.

　　이러한 불편함을 최소화하기 위해서 요즘 일본에서는 '선택적 부부별성'을 법적으로 인정해야 한다는 목소리가 높아지고 있습니다. 쉽게 말해 결혼할 때 부부가 성을 같이 할지 달리 할지 선택할 수 있도록 해야 한다는 것입니다. 현재 부부동성을 법적으로 규정하고 있는 나라는 일본밖에 없지만, 오랫동안 지켜온 제도를 쉽게 바꿀 수 있을지는 여전히 미지수입니다. 일본의 부부별성에 관한 변화에는 앞으로도 주목할 필요가 있습니다.

✏ 가타카나를 써 보자!

ケーキ 케이크	ケーキ	
アイスクリーム 아이스크림	アイスクリーム	
プリン 푸딩	プリン	
パフェ 파르페	パフェ	
マカロン 마카롱	マカロン	

✏ 한자를 써 보자!

けんこう 健康 건강	健康		
びょうき 病気 병, 질병	病気		
かんせん 感染 감염	感染		
さいはつ 再発 재발	再発		
く かえ 繰り返す 반복하다	繰り返す		

母というより 妹みたいです。

はは
いもうと

엄마라기보다 여동생 같습니다.

point

01 ～というより ～다기보다, ～라기보다

02 ～にしては ～치고는

03 ～だけあって ～ㄴ/는 만큼

Track 6-02-01

小野　お、家族写真？見せて見せて。これ、お姉さん？

成　　いえ、これは母です。

小野　へえ、お母さんにしては若いなあ。
　　　仕事は何してんの？

成　　エステティシャンなんです。

小野　さすが、美容関係の仕事してるだけあって、
　　　きれいだなあ。

成　　でも、すごく子供っぽいんですよ。甘えん坊で。
　　　母というより妹みたいです。

▶ **낱말과 표현**

へえ 허, 저런 ｜ エステティシャン 에스테티션, 피부미용사 ｜ さすが 역시 ｜ 美容関係 미용 관련 ｜
子供っぽい (성질이) 어린아이 같다 ｜ 甘えん坊 어리광쟁이, 응석받이

24

01 ～というより ～다기보다, ~라기보다

» 【보통체】＋というより

» 【명사·な형용사 어간】＋というより (현재형)

| 예문 |

❶ A 東大門まで散歩しに行こうか？

동대문까지 산책하러 갈까?

B 東大門？それじゃ散歩というより観光じゃない。

동대문? 그러면 산책이라기보다 관광이잖아.

❷ A あーあ、暇だなあ。 아아, 한가하네.

B いや、暇というより怠けてるだけじゃない。

아니, 한가하다기보다 게으름만 피우고 있는 거잖아.

❸ A まだ3月だというのに、今日はあったかいですね。

아직 3월인데도 오늘은 따뜻하네요.

B そうですね。でもあったかいというより暑いくらいで
すよ。

그렇네요. 근데 따뜻하다기보다 더울 정도예요.

▶ **낱말과 표현**

怠ける 게으름 피우다

❹ A 主任になったんだって？おめでとう。でも部下を指導するのは大変だぞ。

주임이 됐다며? 축하해. 근데 부하를 지도하는 건 쉽지 않을 거다.

B そんなに厳しくするつもりはないよ。指導するというより見守るくらいの気持ちでやるさ。

그렇게 엄하게 할 생각은 없어. 지도한다기보다 지켜볼 정도의 마음으로 할 거야.

❺ A 昨日いろんな芸能人に会っちゃった。道でバラエティの撮影してたんだ。

어제 연예인을 여러 명 만났어. 길거리에서 오락 프로그램 촬영하고 있었거든.

B それって会ったっていうより、ただ見ただけじゃない？

그건 만났다기보다 그냥 보기만 한 거 아냐?

Tip

예문 ⑤처럼 회화체로는 '~っていうより' 형태로 쓰이는 경우가 많습니다.

▶ **낱말과 표현**

主任 주임 | **部下** 부하 | **指導** 지도 | **見守る** 지켜보다 | **芸能人** 연예인 |

バラエティ 버라이어티, 오락 프로그램 | **撮影** 촬영 | **ただ** 그냥, 그저

Grammar

02 ～にしては ～치고는

» 【동사 보통형】＋にしては

» 【명사】＋にしては

| 예문 |

❶ あの子は小学生にしては背が高い方だと思います。

저 아이는 초등학생치고는 키가 큰 편이라고 생각합니다.

❷ うちの母は韓国人にしては、辛い物が苦手です。

우리 어머니는 한국인치고는 매운 것은 잘 못 먹습니다.

❸ ひろし君って日本人にしては彫が深いよね。

히로시 군은 일본인치고는 이목구비가 뚜렷하네.

❹ この論文、学生が書いたにしてはできすぎじゃない？

이 논문, 학생이 쓴 것치고는 너무 잘 쓴 거 아냐?

Tip

주로 명사에 접속합니다. 비슷한 표현인 '〜のわりには'는 여러 품사와 연결됩니다. '〜にしては'는 긍정적인 뉘앙스로, '〜のわりには'는 부정적인 뉘앙스로 사용되는 경향이 있습니다.

田舎にしてはおしゃれなお店が多いですね。
시골치고는 세련된 가게가 많네요.
田舎のわりには空気が汚い所ですね。
시골치고는 공기가 안 좋은 곳이네요.

▶ **낱말과 표현**

辛い 맵다 ｜ 苦手 잘하지 못한, 서투름 ｜ 彫が深い 이목구비가 뚜렷하다 ｜ できすぎ 지나치게 잘함

Lesson 02 **母というより妹みたいです。** 27

03   ～だけあって ～ㄴ/는 만큼

» 【보통체】+ だけあって

» 【な형용사 어간】+ なだけあって

» 【명사】+ (な)だけあって

| 예문 |

❶ さすがベテランだけあって、仕事が早い。

역시 베테랑인 만큼 일 처리가 빠르다.

❷ やっぱりアルマーニのスーツは、高いだけあって渋いなあ。

역시 알마니 양복은 비싼 만큼 은근한 멋이 있군.

❸ このお店は有名なだけあって、やはり人が一杯だった。

이 가게는 유명한 만큼 역시 사람이 가득 차 있었다.

❹ この家は自然素材でできているだけあって、暖かみが感じられますね。

이 집은 자연 소재로 만들어진 만큼 따뜻함이 느껴지네요.

❺ 時間をかけて丁寧に描いただけあって、素晴らしい作品になったね。

시간을 들여서 공들여 그린 만큼 훌륭한 작품이 됐네요.

Tip

명사에 접속할 경우, 'なだけ'가 될 경우도 있습니다.
さすがベテランなだけあって、仕事が早い。

Tip

'역시'를 의미하는 'やはり(やっぱり)'나 'さすが'와 함께 사용되는 경우가 많습니다. 둘 다 비슷한 뜻이지만, 'さすが'는 주로 사람이나 인격화된 대상에 대해 사용하며 '대단하다'고 감탄하거나 칭찬하는 뉘앙스가 있습니다.

▶ **낱말과 표현**

渋い 은근한 멋이 있다 | 素材 소재 | 暖かみ 따뜻함, 인정미 | 丁寧に 정중하게, 공들여

28

연습 1 ·· Exercises 1

▶ 아래 예와 같이 문장을 완성해 봅시다.

예)

마실 것 **A** どう？このスープ。野菜がたっぷり入っておいしいでしょ。

어때? 이 수프, 채소가 듬뿍 들어 있어서 맛있죠?

B うん、これは飲み物というより食べ物だね。

응, 이건 마실 거라기보다 먹을 거네.

① 기쁘다 **A** 合格おめでとう！今の気分は？

B それが、＿＿＿＿＿＿＿＿＿＿＿びっくりしすぎて
訳がわからないよ。

② 친절하다 **A** 彼、何でも手伝ってくれるから助かるね。

B うん、でも＿＿＿＿＿＿＿＿＿＿＿、
ちょっとお節介かな。

③ 닮았다 **A** 見て。あの人、芸能人の島田エミリに似てない？

B うん、そうだね。
いや、＿＿＿＿＿＿＿＿＿＿＿本人なんじゃない？

④ 국내여행 **A** え？沖縄まで飛行機で2時間半もかかるの？日本国内な
のに？

B そうだね。沖縄は＿＿＿＿＿＿＿＿＿＿＿、
海外旅行って言った方が正しいかも。

▶ **낱말과 표현**

たっぷり 듬뿍 ｜ 嬉しい 기쁘다 ｜ びっくりする 깜짝 놀라다 ｜ 訳がわからない 영문을 모르다 ｜ 手伝う 거들다, 도와주다 ｜
助かる 도움이 되다 ｜ お節介だ 참견이 심하다 ｜ 似ている 닮았다 ｜ 本人 본인 ｜ 国内旅行 국내여행 ｜ 海外旅行 해외여행 ｜
正しい 옳다

Lesson 02 **母というより妹みたいです。** 29

▶ 아래 예와 같이 문장을 완성해 봅시다.

예)

일본인

西野_{にしの}さんは、<u>日本人_{にほんじん}にしては</u>英語_{えいご}がうまい方_{ほう}だ。

니시노 씨는 일본인치고는 영어를 잘하는 편이다.

❶

한국인

パクさんは、_____

日本_{にほん}の地理_{ちり}に詳_{くわ}しい。

❷

아저씨

ミンスさんは、50代_{だい}の

_____肌_{はだ}がきれいだ。

❸

초보자

大丈夫_{だいじょうぶ}。気_きにしないで。

_____上手_{じょうず}な方_{ほう}ですよ。

❹

1,000엔 와인

へえ、_____おいしいなあ。

決_きめた！買_かいますよ。

▶ **낱말과 표현**

韓国人_{かんこくじん} 한국인 ｜ **地理_{ちり}** 지리 ｜ **〜に詳_{くわ}しい** 〜에 대해 잘 알다, 〜에 능통하다 ｜ **〜代_{だい}** 〜대(연령층, 연대) ｜ **おじさん** 아저씨 ｜
肌_{はだ} 피부 ｜ **気_きにする** 신경 쓰다, 걱정하다 ｜ **初心者_{しょしんしゃ}** 초보자 ｜ **ワイン** 와인

▶ 아래 예와 같이 문장을 완성해 봅시다.

예)

> **お笑い芸人**
> （わら　げいにん）

さすが<u>お笑い芸人だけあって</u>、しゃべりがうまいなあ。

역시 코미디언인 만큼 말재주가 뛰어나구나.

❶ **長い**（なが）

さすが韓国生活が＿＿＿＿＿＿＿＿＿＿＿＿、

韓国語がネイティブ並みですね。

❷ **新鮮だ**（しんせん）

やっぱり捕れたての魚は＿＿＿＿＿＿＿＿＿＿＿＿、

びっくりするくらいおいしいね。

❸ **卒業する**（そつぎょう）

さすが東大を首席で＿＿＿＿＿＿＿＿＿＿＿＿、

何でもよく知っていますね。

❹ **バレーボール選手**（せんしゅ）

母は昔、プロの＿＿＿＿＿＿＿＿＿＿＿＿、

ジャンプ力がすごい。

▶ **낱말과 표현**

お笑い芸人（わら　げいにん） 코미디언 ｜ **しゃべりがうまい** 말재주가 뛰어나다 ｜ **ネイティブ** 네이티브, 원어민 ｜
～並み ～수준, ～과 거의 같음 ｜ **捕れる**（と） 잡히다 ｜ **新鮮だ**（しんせん） 신선하다 ｜ 동사 **ます**형＋**たて** 갓 ～한 ｜
東大（とうだい） 도쿄대학(東京大学)의 준말 ｜ **首席**（しゅせき） 수석 ｜ **バレーボール選手**（せんしゅ） 배구 선수 ｜ **ジャンプ力**（りょく） 점프력

▶ 주어진 질문에 예와 같이 대답해 봅시다.

① 周りの人の中に、「○○というより□□みたい」な人はいますか。

예) はい、宮下先生は先生というより、お笑い芸人みたいです。

_____

② あなたや周りの人は、「その年齢」にしては、どんな一面がありますか。

예) 父は60代にしては、足が速い方です。

_____

③ あなたや周りの人は、韓国人／日本人だけあって、どんな一面があり
ますか。

예) 姉は韓国人だけあって、キムチをよく食べます。

_____

④ あなたや周りの人は、「その職業(だった)」だけあって、どんな一面が
ありますか。

예) 祖父は校長先生だっただけあって、とても厳しい人です。

_____

▶ 낱말과 표현

年齢 연령 | 一面 일면, 면 | 足が速い 발이 빠르다 | 職業 직업 | 祖父 할아버지 | 校長 교장 | 厳しい 엄하다

イメージと実際

Track 6-02-02

まもなく30歳。前の仕事を辞め、現在就職活動中。30歳にしては若く見られるので、面接のときのイメージは悪くないと思う。しかし30歳といえば、社会では新人というより、中堅扱いになることの方が多い。これからのことをしっかり考えて、次の職場を見定めたい。

前の会社は外資系企業だったので、得意な英語を発揮できると思い、入社した。ところが仕事は国内の店舗販売ばかりで、英語を使う機会がまったくなかった。外資系で仕事をしているというより、学生時代のアルバイトの延長みたいだったので、結局辞めた。

昨日、第一志望の会社の面接を受けた。国内の中小企業だが、国外での営業や取引も多く、英語が使える機会も多いようだ。国内企業にしては給料も高く、職場環境もかなり良い。成長中の企業だけあって、社員たちもやる気に満ちているようだ。面接の感触は良かった。口下手な自分にしては、いい受け答えができた。やるべきことはやった。信じて結果を待とう。

▶ 낱말과 표현

| イメージ 이미지 | 実際(じっさい) 실제 | まもなく 이제 곧 | 就職活動(しゅうしょくかつどう) 구직 활동 | 中堅(ちゅうけん) 중견 | 扱(あつか)い 취급 |

| 見定(みさだ)める 잘 보고 판단하다 | 外資系企業(がいしけいきぎょう) 외국계 기업 | 得意(とくい)だ 잘하다, 자신이 있다 | 発揮(はっき) 발휘 | 店舗(てんぽ) 점포 | 販売(はんばい) 판매 |

| 機会(きかい) 기회 | 延長(えんちょう) 연장 | 第一志望(だいいちしぼう) 제1지망 | 中小企業(ちゅうしょうきぎょう) 중소기업 | 営業(えいぎょう) 영업 | 取引(とりひき) 거래 | 給料(きゅうりょう) 급여 | 職場(しょくば) 직장 |

| 環境(かんきょう) 환경 | 成長中(せいちょうちゅう) 성장 중 | やる気(き) 의욕 | 満(み)ちる 가득 차다 | 感触(かんしょく) 감촉, 느낌 | 口下手(くちべた) 말주변이 없다 |

| 受(う)け答(こた)え 응답 |

▶ [읽기 연습]을 참고하여 이미지와 실제가 같았던 점이나 달랐던 점에 대해 써 봅시다.

問題1 次の文の（　　　）に入れるのに最もよいものを、①・②・③・④から一つ選びなさい。

1 年齢が近いので、叔父（　　　）兄のようだ。

① のままで　　　② というより　　　③ ばかりか　　　④ にとっては

2 竹中さんは、イギリスに長く住んでいた（　　　）あって、きれいな

英語を話しますね。

① だけ　　　② のみ　　　③ くらい　　　④ ばかり

3 ナイスショット！君、初心者（　　　）うまいね。センスあるよ。

① のおかげで　　　② というより　　　③ どころか　　　④ にしては

問題2 ＿＿＿＿の言葉に意味が最も近いものを、①・②・③・④から一つ選びなさい。

4 やっぱりプロが作った料理は違うな。素人にこの味は出せないよ。

① しかし　　　② まったく　　　③ さすが　　　④ とにかく

問題3 次の文の ★ に入る最もよいものを、①・②・③・④から一つ選びなさい。

5 もう無理です。この ＿＿＿＿ ★ ＿＿＿＿ ＿＿＿＿ ですね。

① 辛いと　　　② 痛い　　　③ スープは　　　④ いうより

✏️ 가타카나를 써 보자!

ワイン 와인	ワイン	
ビール 맥주	ビール	
ウィスキー 위스키	ウィスキー	
マッコリ 막걸리	マッコリ	
カクテル 칵테일	カクテル	

✏️ 한자를 써 보자!

しょしんしゃ 初心者 초보자	初心者		
し どう 指導 지도	指導		
せいちょう 成長 성장	成長		
み まも 見守る 지켜보다	見守る		
て つだ 手伝う 도와주다	手伝う		

打ち合わせは
金曜日でしたっけ。

うあ
きんようび

미팅은 금요일이었나요?

point

01 ～っけ ～했나, ～던가

02 ～うちに ～동안에, ～사이에

03 ～気味 ～기운이 있음, ～경향임
ぎみ

Track 6-03-01

田村　チャさん、大学祭の打ち合わせって、金曜日でしたっけ。

チャ　いや、木曜日ですよ。元々は金曜日だったんですが、一日早めたじゃないですか。

田村　まいったな。じゃあ、計画書の締切も水曜日ですよね。

チャ　そうなりますね。

田村　じゃあ、今日中にやっておかないと。遅くならないうちに帰りたかったんですけど。

チャ　田村さん風邪気味ですし、できるところは私がやっときますよ。早く帰って休んでください。

▶ **낱말과 표현**

大学祭 대학 축제 │ **打ち合わせ** 미팅, (간단한) 회의 │ **元々** 원래 │ **早める** 앞당기다 │ **まいる** 난감해지다 │

まいったな 거참 난감해라 (감탄사처럼 사용됨) │ **計画書** 계획서 │ **締切** 마감

01 ～っけ ～했나, ～던가

>> 【た형 · 과거형】 + っけ

>> 【명사 · な형용사 어간】 + だっけ (현재형)

| 예문 |

❶ ねえ、川村さんって、千葉県の出身だったっけ。
있잖아, 가와무라 씨는 지바현 출신이었나?

❷ あそこのネットカフェは、身分証の提示が必要でしたっけ。
저기 인터넷 카페는 신분증 제시가 필요했던가요?

❸ あれ？陽子ちゃんって、あんなに背が高かったっけ？
어? 요코짱은 저렇게 키가 컸던가?

❹ 去年日本に行った時、どの航空会社を利用したっけ。
작년 일본에 갔을 때 어느 항공사를 이용했더라?

❺ 「切る」って１グループの動詞だっけ。
'切る(자르다)'는 1그룹 동사였나?

Tip

명확하게 기억이 나지 않는 일을 확인하는 표현이므로 상대방에게 확인하는 경우는 물론이고, 혼잣말로 자기 자신에게 확인할 때도 사용됩니다.

Tip

'～た', '～ました', '～でした' 등 과거 형태에 붙는 경우가 많지만 명사와 형용사 어간에 'だっけ'가 그대로 붙는 경우도 있습니다.

Tip

과거에 반복했던 일을 회상할 때도 사용됩니다.
学生の頃は、よく一人で映画を見に行ったっけ。
학생 때는 자주 혼자서 영화를 보러 가곤 했었지.

▶ 낱말과 표현

千葉県 지바현 | 出身 출신 | ネットカフェ 인터넷 카페(한국의 PC방과 비슷한 가게) | 身分証 신분증 | 提示 제시 |
航空会社 항공사 | 切る 자르다, 끊다 | 動詞 동사

02 ～うちに ~동안에, ~사이에

Tip

기본적인 뜻은 '~동안에/사이에'지만, 명사의 경우 '~중으로', 형용사의 경우 '~할 때'와 같이 품사나 문맥에 따라 다양하게 해석됩니다.

» 【동사 · い형용사 기본형】+ うちに

» 【な형용사 어간】+ なうちに

» 【명사】+ のうちに

» 【동사 ない형】+ うちに

| 예문 |

❶ 私^{わたし}はいつも、午前^{ごぜん}のうちに仕事^{しごと}を終^おわらせます。

저는 늘 오전 중으로 일을 끝냅니다.

❷ どうぞ、新鮮^{しんせん}なうちに食^たべてください。

자, 신선할 때 드세요.

❸ 若^{わか}いうちに、いろんな経験^{けいけん}を積^つんでおきたい。

젊을 때 여러 경험을 쌓아 두고 싶다.

❹ 兄^{あに}がいるうちに、わからないところを聞^きいておこう。

형이 있는 동안(있을 때) 모르는 부분을 물어 놓자.

▶ **낱말과 표현**

午前^{ごぜん} 오전 | 新鮮^{しんせん}だ 신선하다 | 経験^{けいけん}を積^つむ 경험을 쌓다

❺ 知らないうちに私がクラスの代表になっていた。

모르는 사이에 내가 반 대표가 되어 있었다.

❻ 暗くならないうちに帰ってきなさいよ。

어두워지기 전에 집에 와.

❼ 2キロも歩かないうちに、彼女はクタクタになってしまった。

2km도 걷기 전에 그녀는 녹초가 되어 버렸다.

Tip

예문 ❻❼처럼 동사 ない형에 붙는 경우, '知る(알다)', 'いる(있다)' 등의 특정한 동사를 제외하고는 '~하기 전에'로 해석하는 것이 자연스럽습니다.

▶ **낱말과 표현**

クラス 반 | **代表** 대표 | **暗い** 어둡다 | **ます형 + なさい** ~해라(명령 · 지시) | **キロ** km, kg |

クタクタになる 녹초가 되다

03 **～気味** ~기운이 있음, ~경향임

Tip

사물의 상황이나 사람의 마음 상태, 몸 상태가 좋지 않은 느낌을 나타낼 때 사용됩니다.

» 【동사 ます형, 명사】+ 気味

| 예문 |

❶ 風邪気味なので、今日は早退してもいいですか。

감기 기운이 있기 때문에 오늘은 조퇴해도 되겠습니까?

❷ ここ数日、便秘気味で気分がすっきりしない。

요 며칠 동안 변비기가 있어 기분이 개운하지 않다.

❸ 雪のせいか、電車が遅れ気味のようですね。

눈 때문인지 전철이 지연되고 있는 것 같네요.

❹ ちゃんと運動もしているのに、何でこの頃太り気味なんだろう。

제대로 운동도 하고 있는데 왜 요즘 살찐 느낌이 들까?

❺ 最近疲れ気味なので、明日はゆっくり休みたい。

요즘 피곤한 느낌이 있기 때문에 내일은 푹 쉬고 싶다.

▶ **낱말과 표현**

早退 조퇴 | **数日** 며칠간 | **便秘** 변비 | **すっきりする** 개운하다 | **遅れる** 늦다, 지연되다 | **太る** 살찌다 |
疲れる 피곤하다, 지치다

▶ 아래 예와 같이 문장을 완성해 봅시다.

예)

次のテストは水曜日だったっけ。

다음 시험은 수요일이었나?

수요일

❶

来週の授業は_____。

몇 시

❷

坂本さんってあんなに髪

_____。

짧다

❸

お父さん、

ほうれん草_____。

싫어하다

❹

昨日のお昼、

何を_____。

먹다

▶ 낱말과 표현

髪 머리카락 | 短い 짧다 | ほうれん草 시금치

▶ 아래 예와 같이 문장을 완성해 봅시다.

예)

<table>
<tr><td>今日</td><td>来週までの宿題だけど、
できたら<u>今日のうちに</u>やってしまおう。

다음 주까지의 숙제지만 되도록이면 오늘 안으로 해 버리자.</td></tr>
</table>

❶ 元気だ

おじいちゃん、＿＿＿＿＿＿＿＿＿＿＿＿
海外に行ってみたいって言ってたよ。

❷ いる

先生が教室に＿＿＿＿＿＿＿＿＿＿＿、
わからないところを聞いておこう。

❸ 涼しい

夏は、朝の＿＿＿＿＿＿＿＿＿＿＿＿
運動するといいですよ。

❹ 降る
（ない형）

午後から雨だって。＿＿＿＿＿＿＿＿＿＿
引っ越しを終わらせよう。

▶ **낱말과 표현**

できたら 되도록이면 ｜ 涼しい 시원하다, 선선하다 ｜ 引っ越し 이사

44

▶ 아래 예와 같이 문장을 완성해 봅시다.

예)

最近<u>疲</u>れ気味だから、今日は栄養のあるものを食べに行こう。

요즘 피곤한 느낌이 있으니, 오늘은 영양가 있는 것을 먹으러 가자.

❶ 政策の失敗により、内閣の支持率は＿＿＿＿＿＿＿＿です。

❷ すみません、今ちょっと＿＿＿＿＿＿＿＿で、声が出にくいんです。

❸ 試験が終わって気が抜けたからか、授業を＿＿＿＿＿＿＿＿です。

❹ 朝から＿＿＿＿＿＿＿＿なんだけど、胃腸薬買ってきてくれない？

❺ 人手不足により、工事の進行が＿＿＿＿＿＿＿＿のようです。

遅れる　　下がる　　サボる　　⟨疲れる⟩　　風邪　　下痢

▶ **낱말과 표현**

栄養 영양｜政策 정책｜失敗 실패｜内閣 내각｜支持率 지지율｜気が抜ける 맥이 빠지다, 긴장감이 풀리다｜
胃腸薬 위장약｜人手不足 일손 부족｜工事 공사｜進行 진행｜サボる 땡땡이치다｜下痢 설사

▶ 주어진 질문에 예와 같이 대답해 봅시다.

① 先生や友達について知っていることはありますか。本人に確認してみ

ましょう。

예) 先生は神戸の出身でしたっけ。

_____

② 若いうちにやっておきたいことはありますか。

예) はい、20代のうちに外国に留学したいです。

_____

③ 最近、疲れていませんか。

예) そうですねえ。課題が多くてちょっと疲れ気味です。

_____

▶ 낱말과 표현

本人 본인 ｜ **確認** 확인 ｜ **出身** 출신 ｜ **課題** 과제

46

最近の私

Track 6-03-02

最近、風邪気味だ。ひどくはないが、鼻水と咳が出る。特に寝る前に咳が出ることが多い。でも、朝や昼はほとんど症状がない。もう1ヶ月ほど続いている。あれ？病院には行ったっけ？いや、まだ行ってない！これだけ続いたら一度病院に行ってみた方がいいな。

また、最近は太り気味だ。体が重くなって、おなかも出てきた気がする。理由を考えてみたが、特に思い当たることはない。運動も5年前からずっと続けているし、食べる量も特に変化はない。いや、前はもっと食べてたっけ。それなのにどうして!?

おまけに最近は疲れ気味だ。前は仕事が終わってから友達とよく遊びに行ったっけ。ところが最近は、仕事が終わると何もする気が起きない。前は朝まで遊んでも平気だったのに。今は暗くならないうちに家に帰ってベッドに横になりたいと思ってしまう。

「風邪気味」、「太り気味」、「疲れ気味」……。おかしいな。前はもっと元気じゃなかったっけ？若いうちに体調管理をしっかりしておかないと。

▶ **낱말과 표현**

ひどい 심하다 | 鼻水 콧물 | 咳が出る 기침이 나다 | 特に 특히 | 症状 증상 | 続く 이어지다, 계속되다 | 重い 무겁다 |
おなかが出る 배가 나오다 | 思い当たる 짚이다 | 続ける 계속하다 | 量 양 | 変化 변화 | おまけに 게다가 |
〜気が起きる 〜할 마음이 생기다 | 平気だ 멀쩡하다 | ベッドに横になる 침대에 눕다 | おかしい 이상하다 |
体調 몸 상태 | 管理 관리

▶ [읽기 연습]을 참고하여 '최근 나의 상태'에 대해 써 봅시다.

問題1 次の文の（　　　）に入れるのに最もよいものを、①・②・③・④から一つ選びなさい。

1 私、さっき「来週の会議は中止」って（　　　）っけ。

① 言った　　　　② 言います　　　③ 言って　　　　④ 言わない

2 子供が寝ている（　　　）、朝食の準備を終わらせておきます。

① 前に　　　　　② ところに　　　③ 中に　　　　　④ うちに

3 最近はどこでも車で移動するからか、少し太り（　　　）です。

① げ　　　　　　② らしい　　　　③ ぎみ　　　　　④ っぽい

問題2 次の言葉の使い方として最もよいものを、①・②・③・④から一つ選びなさい。

4 しっかり

① 寝る前はしっかり歯を磨きなさいよ。

② しっかりして電車の中に傘を忘れてしまった。

③ 彼女が引っ越すという噂は、しっかり本当だった。

④ 汗をたくさんかいたが、シャワーをするとしっかりした。

問題3 次の文の ＿★＿ に入る最もよいものを、①・②・③・④から一つ選びなさい。

5 ねえ、あの ＿＿＿＿ ＿＿＿＿ ＿★＿ ＿＿＿＿ っけ。だめだ。やっぱり
思い出せない。

① 帽子　　　　　② かぶった人　　③ 黒い　　　　　④ 誰だ

✏️ 가타카나를 써 보자!

ベッド 침대	ベッド	
ソファ 소파	ソファ	
インテリア 인테리어	インテリア	
カーテン 커튼	カーテン	
クローゼット 벽장	クローゼット	

✏️ 한자를 써 보자!

<ruby>風邪<rt>かぜ</rt></ruby> 감기	風邪		
<ruby>鼻水<rt>はな みず</rt></ruby> 콧물	鼻水		
<ruby>発熱<rt>はつ ねつ</rt></ruby> 발열	発熱		
<ruby>頭痛<rt>ず つう</rt></ruby> 두통	頭痛		
<ruby>吐き気<rt>は　け</rt></ruby> 구역질	吐き気		

首<ruby>くび</ruby>にならずに
すみました。

다행히 잘리지 않았습니다.

point

01 ~ずにすむ　~하지 않고 끝나다, (다행히) ~하지 않아도 되다

02 ~ばよかった　~할 걸 그랬다, ~하면 좋았다

03 ~にとって　~에게 있어, ~에게(는)

Track 6-04-01

竹内 <ruby>竹内<rt>たけうち</rt></ruby> 　<ruby>何<rt>なに</rt></ruby>かいいことがあったの？にやついちゃって。

ユ <ruby>兪<rt>ユ</rt></ruby> 　<ruby>心配<rt>しんぱい</rt></ruby>してたんだけど、

アルバイト<ruby>首<rt>くび</rt></ruby>にならずにすんだよ。

竹内 <ruby>竹内<rt>たけうち</rt></ruby> 　ああ、そのことか。<ruby>力也<rt>りきや</rt></ruby>さんが<ruby>力<rt>ちから</rt></ruby>を<ruby>貸<rt>か</rt></ruby>してくれたの？

ユ <ruby>兪<rt>ユ</rt></ruby> 　うん、<ruby>店長<rt>てんちょう</rt></ruby>と<ruby>話<rt>はな</rt></ruby>してくれたんだ。

もっと<ruby>早<rt>はや</rt></ruby>く<ruby>力也<rt>りきや</rt></ruby>さんに<ruby>頼<rt>たの</rt></ruby>めばよかったよ。

竹内 <ruby>竹内<rt>たけうち</rt></ruby> 　<ruby>困<rt>こま</rt></ruby>ったときに<ruby>一番頼<rt>いちばんたよ</rt></ruby>りになるのがあの<ruby>人<rt>ひと</rt></ruby>だからね。

ユ <ruby>兪<rt>ユ</rt></ruby> 　そうだね。<ruby>僕<rt>ぼく</rt></ruby>らにとって<ruby>力也<rt>りきや</rt></ruby>さんは、

<ruby>本当<rt>ほんとう</rt></ruby>の<ruby>兄貴<rt>あにき</rt></ruby>みたいな<ruby>存在<rt>そんざい</rt></ruby>だよね。

▶ **낱말과 표현**

にやつく 히죽거리다 | <ruby>首<rt>くび</rt></ruby>になる (직장에서) 잘리다, 해고되다 | <ruby>力<rt>ちから</rt></ruby>を<ruby>貸<rt>か</rt></ruby>す 힘을 써 주다, 도와주다 | <ruby>店長<rt>てんちょう</rt></ruby> 점장(님) |
<ruby>頼<rt>たの</rt></ruby>む 부탁하다, 의뢰하다 | <ruby>頼<rt>たよ</rt></ruby>りになる 의지가 되다, 믿음직하다 | <ruby>兄貴<rt>あにき</rt></ruby> 형, 형님 | <ruby>存在<rt>そんざい</rt></ruby> 존재

01 ~ずにすむ ~하지 않고 끝나다, (다행히) ~하지 않아도 되다

>> 【동사 ない형】+ ずにすむ

する → せずにすむ

| 예문 |

❶ 先輩に教科書をもらったので、買わないですみました。
선배에게 교과서를 받았기 때문에 다행히 사지 않아도 됐습니다.

❷ とっさの判断で、大事故にならずにすんだ。
순간적인 판단으로 다행히 큰 사고를 피할 수 있었다.

❸ 日ごろからコツコツ勉強しておけば、試験前に焦らずにすみますよ。
평소 꾸준히 공부해 놓으면 시험 직전에 조급해 하지 않아도 됩니다.

❹ 後で後悔せずにすむように、一日一日を精一杯生きよう。
나중에 후회하지 않아도 되게끔 하루하루를 힘껏 살자.

❺ 同僚に手伝ってもらったおかげで、今日は残業せずにすみました。
동료가 도와준 덕분에 오늘은 다행히 잔업 없이 끝났습니다.

Tip

위기 상황을 넘기거나 우려했던 일을 다행히 피할 수 있었음을 말할 때 사용합니다. 직역을 하면 '~하지 않고 끝나다'이지만 '다행히 ~하지 않다', '다행히 ~하는 것을 피할 수 있다', '~하지 않아도 되다' 등 문맥에 따라 탄력적으로 해석할 필요가 있습니다.

Tip

'~ずに'는 '~하지 않고'를 의미하는 말로 '~ないで'와 대체할 수 있습니다. '~ずにすむ' 역시 예문처럼 '~ないですむ'로 바꿔 쓸 수 있습니다. 단, 'する'의 경우 'せずに', 'しないで'와 같이 활용 형태가 다르기 때문에 주의가 필요합니다.

▶ 낱말과 표현

先輩 선배 | **教科書** 교과서 | **とっさの** 순간적인 | **判断** 판단 | **大事故** 큰 사고 | **日ごろ** 평소 | **コツコツ(と)** 꾸준히 |
焦る 조급해 하다 | **後悔** 후회 | **精一杯** 힘껏 | **同僚** 동료 | **残業** 잔업

02 　**～ばよかった** ~할 걸 그랬다, ~하면 좋았다

Tip

후회나 돌이킬 수 없는 아쉬운 점을 나타낼 때 사용하는 표현입니다. 형용사나 명사에 접속할 때와 문말에 'のに'나 'けど', 'のだが' 등이 붙을 경우에는 '~하면 좋았을 텐데'라고 해석하는 것이 자연스럽습니다.

》 【가정형(ば형)】+ よかった

》 【な형용사, 명사】+ ならよかった

| 예문 |

❶ 卒業式の日、彼女に告白すればよかった。

졸업식 날에 그녀에게 고백할 걸 그랬다.

❷ あんなひどい言葉、言わなければよかった。

저런 심한 말, 안 할 걸 그랬다.

❸ もっと慎重に専攻を選べばよかったですね。

더 신중하게 전공을 선택할 걸 그랬네요.

❹ ノートパソコンじゃなくて、タブレットPCを買えばよかったのに。

노트북이 아니라 태블릿PC를 사면 좋았을 텐데.

❺ もう５センチ背が高ければよかったのだが。

5cm만 더 키가 크면 좋았을 텐데.

❻ うちがお金持ちならよかったのに。

우리 집이 부자라면 좋았을 텐데.

▶ **낱말과 표현**

告白 고백 | **ひどい** 심하다, 지독하다 | **慎重だ** 신중하다 | **専攻** 전공 | **選ぶ** 택하다, 고르다 |

ノートパソコン 노트북 | **タブレット**PC 태블릿 PC

03 ～にとって ～에게 있어, ～에게(는)

≫ 【명사】＋ にとって

| 예문 |

❶ 私にとって釜山は第二の故郷です。

나에게 있어 부산은 제2의 고향입니다.

❷ それが誰にとって必要なことなのか、よく考えなければなりません。

그것이 누구에게 필요한 것인지 잘 생각해야 합니다.

❸ 君にとってはゴミでも、他の人にとっては宝物だということもある。

너에게는 쓰레기라도, 다른 사람에게는 보물이라는 것도 있다.

❹ どのような政策が国民にとって有益なのか、真剣に考えてほしい。

어떤 정책이 국민에게 있어 유익한 것인지 진지하게 생각해 줬으면 한다.

❺ 人間の食べ物の中には、犬や猫にとって毒になるものもあるということを忘れないでください。

인간의 음식 중에는 개나 고양이들에게는 독이 되는 것도 있다는 것을 잊지 마세요.

▶ **낱말과 표현**

第二の 제2의 | 宝物 보물 | 政策 정책 | 国民 국민 | 有益だ 유익하다 | 真剣だ 진지하다 | 毒 독

▶ 아래 예와 같이 문장을 완성해 봅시다.

예)

待つ

駅に到着すると、
すぐに電車が来たので待たずにすんだ。

역에 도착하니 바로 열차가 왔기 때문에 기다리지 않아도 되었다.

❶

付ける

今年は冷夏だったため、
一度もクーラーを＿＿＿＿＿＿＿＿＿＿だ。

❷

怒られる

テストで0点を取ったが、
母の機嫌がよかったため＿＿＿＿＿＿＿＿＿＿だ。

❸

受ける

新薬が開発されたおかげで、
手術を＿＿＿＿＿＿＿＿＿＿ました。

❹

する

シートベルトをちゃんと締めていたから、
怪我を＿＿＿＿＿＿＿＿＿＿ました。

▶ 낱말과 표현

冷夏 냉하(예년에 비해 기온이 낮은 여름) | クーラー 냉방장치, 에어컨 | 機嫌がいい 마음 상태가 좋다 |
怒られる 혼나다(怒る의 수동형) | 新薬 신약 | 開発 개발 | 手術 수술 | シートベルト 좌석 벨트, 안전 벨트 |
締める 매다 | 怪我をする 다치다

▶ 아래 예와 같이 문장을 완성해 봅시다.

예)

말하다

こんなことなら、正直に言えばよかった。
しょうじき　い

이럴 거라면 솔직하게 말할 걸 그랬다.

❶ 오다

こんなに雨がたくさん降るなら、
あめ　　　　　　　ふ

車に乗って_____。
くるま　の

❷ 사과하다

けんかした後、
あと

すぐに_____。

❸ 하지 않다

前の会社の方がよかった。
まえ　かいしゃ　ほう

転職なんて_____。
てんしょく

❹ 가지 않다

ダイエット中にバイキングなんて、
ちゅう

_____。

▶ 낱말과 표현

けんかする 싸우다 | 謝る 사과하다 | 転職 이직 | 〜なんて 〜따위, 〜같은 것 | ダイエット 다이어트 |
あやま　　　　　　　　　　　　てんしょく
バイキング 뷔페

▶ 아래 예와 같이 문장을 완성해 봅시다.

예)

実は日本人にとっても、漢字の学習は楽じゃない。

사실은 일본인에게도 한자 학습은 쉬운 일이 아니다.

❶ 会社の＿＿＿＿＿＿＿＿＿＿＿＿＿＿＿、

優秀な社員は宝物のようなものだ。

❷ ＿＿＿＿＿＿＿＿＿＿＿＿＿＿＿＿＿、

最も大事なのは知識じゃない。想像力と創造力だ。

❸ 子供にとって簡単なことが、

＿＿＿＿＿＿＿＿＿＿＿＿＿＿＿は意外に難しいこともある。

❹ ＿＿＿＿＿＿＿＿＿＿＿＿＿＿＿は、

遠くの大型スーパーより近くのコンビニの方が利用しやすい。

❺ 学生の能力を引き出すことこそが、

＿＿＿＿＿＿＿＿＿＿＿＿＿＿＿最も大切なことだ。

| 大人 | 日本人 | 芸術家 | 教育者 | 経営者 | 高齢者 |

▶ 낱말과 표현

優秀だ 우수하다 | 最も 가장 | 知識 지식 | 想像力 상상력 | 創造力 창조력 | 意外に 의외로 | 遠く 멀리, 먼 곳 |
大型スーパー 대형 마트 | 近く 가까이, 근처 | 能力 능력 | 引き出す 끌어내다 | ～こそ ～야말로 | 芸術家 예술가 |
教育者 교육자 | 経営者 경영자 | 高齢者 고령자

▶ 주어진 질문에 예와 같이 대답해 봅시다.

① 「～せずにすんだ」と思ったことはありますか。

예) はい、この間急に雨が降ってきたとき、

たまたま傘を持っていたので、濡れずにすみました。

_____

② 何か後悔していることがありますか。

예) はい、高校時代、もっと英語の勉強をすればよかったです。

でも今からでも頑張ります。

_____

③ あなたにとって一番大事なものは何ですか。

예) そうですねえ。私にとって一番大事なものは、

中学時代の思い出です。

_____

▶ **낱말과 표현**

急に 갑자기 | たまたま 우연히 | 濡れる 젖다 | 一番 제일, 가장 | 思い出 추억

後悔
こうかい

Track 6-04-02

人は考え方一つで後悔せずに生きられる、というのが私の持論だ。

友人の中には毎日後悔ばかりしている人もいる。一緒にご飯を食べに行っても、店に入った後で「他の店にすればよかった」とか、注文した後で「違うのにすればよかった」とか、そんなことを平気で口にしてしまう。

後悔は誰にとってもあまりいいものではない。

後悔は「過去にはもっとよい選択肢があったはずだ」という考えから生まれる。しかし、その過去には本当に「もっと良い選択肢」があったのだろうか。ある一つの選択をしたということは、その一つを選ぶに至った「何らかの経緯」があるはずだ。それを私は「必然」と考える。ある選択が必然だということは、結局他の選択肢は「あるように見えても実はなかった」のと同じだ。だから私にとって、後悔するということはありえないことなのだ。

これは楽に生きるための考え方だ。必然だと思えば、選択せずにすみ、後悔せずにすむのだから。

▶ **낱말과 표현**

後悔こうかい 후회 | **考え方**かんがかた 사고방식 | **持論**じろん 지론 | **平気だ**へいきだ 아무렇지도 않다 | **口にする**くちにする 입에 올리다 | **過去**かこ 과거 |
選択肢せんたくし 선택지 | 동사 기본형+**に至る**いたる ~하기에 이르다 | **何らかの**なんらかの 어떠한 | **経緯**けいい 경위 | **必然**ひつぜん 필연 | **結局**けっきょく 결국

▶ [읽기 연습]을 참고하여 '후회'와 관련된 자신의 경험이나 생각에 대해 적어 봅시다.

問題1 次の文の （　　　） に入れるのに最もよいものを、①・②・③・④から一つ選び
なさい。

1 彼の家に行こうと思ったら彼が来てくれたので、（　　　）にすみま
した。

① 行けず　　　　② 行かず　　　　③ 行けない　　　④ 行かない

2 こんなことになるなら、初めから彼女に優しくして（　　　）よかっ
た。

① おいて　　　　② おかずに　　　③ おけば　　　　④ おきながら

3 病気の私に（　　　）、彼の励(はげ)ましはとてもありがたいものです。

① ついて　　　　② かけて　　　　③ よって　　　　④ とって

問題2 ＿＿＿＿の言葉に意味が最も近いものを、①・②・③・④から一つ選びなさい。

4 今日は母の機嫌がよさそうだ。

① 気分　　　　　② 表情　　　　　③ 症状　　　　　④ 体調

問題3 次の文の ＿★＿ に入る最もよいものを、①・②・③・④から一つ選びなさい。

5 アルバイト代が早く入ったので ＿＿＿ ＿＿＿ ＿★＿ ＿＿＿ 。

① すみました　　② お金を　　　　③ 彼に　　　　　④ 借りずに

일본 문화 탐방

▶ **サザエさん症候群** 사자에씨 증후군
(しょうこうぐん)

　일본의 장수 애니메이션 프로그램이라 하면 무엇이 있을까요? '짱구는 못 말려'? '마루코는 아홉 살'? '도라에몽'? 바로 50년을 넘는 오랜 세월 동안 방영해 온 '**サザエさん**(사자에씨)'입니다. 한국에서는 인지도가 그다지 높지 않지만 일본에서는 대표적인 국민 애니메이션입니다.

　'**サザエさん**'은 전형적인 일본 가정의 일상을 그리는 애니메이션으로, 일요일 저녁 6시 반부터 7시까지 방영됩니다. 일본 전통문화가 녹아들어 있어서 시청해 보시면 일본어와 일본문화 공부에 많은 도움이 될 것이니 적극 추천해 드립니다. 그런데 이 일본의 국민 애니메이션이 일본 사람들을 괴롭힌다는 소문이 있습니다. 도대체 무슨 사연일까요?

　월요일 아침이 되면 기분이 우울해지고 회사나 학교에 가기 싫은 이른바 월요병은 일본에서도 똑같이 '**月曜病**'라고 부릅니다. 그런데 월요병과
(げつようびょう)
비슷한 증상으로 '**サザエさん症候群**(사자에씨 증후군)'이라는 것이 있답니다. 일요일 저녁에 '**サザエさん**'이 방영되는 것은 일본 국민 누구나 알고 있어서, 그 시간에 TV에서 흘러나오는 주제곡이나 성우 목소리가 귀에 들어오기만 해도 '아아, 벌써 일요일이 다 끝났구나. 내일 또 회사로, 학교로 가야 하는구나' 하며 마음에 먹구름이 드리워지고 금세 우울해지는 것입니다.

　현대인이 사회에서 얼마나 많은 스트레스에 노출되어 있는지 알 수 있는 현상이죠. 이처럼 국민들에게 사랑받는 애니메이션이 한편으로는 국민을 우울하게 만들고 있다는 것은 슬픈 일입니다. '**サザエさん**'을 본 사람들이 행복만 느낄 수 있는 사회가 되기를 기원합니다.

✏️ 가타카나를 써 보자!

コンビニ 편의점	コンビニ	
スーパー 슈퍼마켓, 마트	スーパー	
デパート 백화점	デパート	
ホームセンター 홈센터, 대형 철물점, DIY 마트	ホームセンター	
ドラッグストア 드러그스토어, 약국	ドラッグストア	

✏️ 한자를 써 보자!

か　こ 過去 과거	過去		
けつ だん 決断 결단	決断		
せん たく 選択 선택	選択		
こう かい 後悔 후회	後悔		
ざ せつ 挫折 좌절	挫折		

大したことなくて よかったです。
<small>たい</small>

별일 아니라서 다행입니다.

point

01 〜てよかった　〜해서 다행이다, 〜하길 잘했다

02 〜ないことには　〜하지 않고서는

03 〜てでも　〜해서라도

Track 6-05-01

具 大事故だったんだって？でも大したことなくてよかっ
　 たよ。

松本 わざわざこんなに朝早くお見舞いに来てもらって、す
　　 みません。

具 松本くんの顔を見ないことには、一日が始まらないか
　 らね。

松本 仕事の方は大丈夫ですか。
　　 今週中に何としてでも退院して出勤しますね。

具 大丈夫、大丈夫。
　 松本くんの分は俺が徹夜してでもやっとくから。

松本 倒れないでくださいよ。先輩がいないことにはプロ
　　 ジェクトが進みませんからね。

▶ 낱말과 표현

大事故 큰 사고 | **大したことない** 별것이 아니다, 대수롭지 않다 | **わざわざ** 일부러, 힘들게 | **お見舞い** 문병, 병문안 |
退院 퇴원 | **出勤** 출근 | **～の分** ～몫 | **徹夜する** 밤새우다 | **倒れる** 쓰러지다 | **先輩** 선배 | **プロジェクト** 프로젝트

01 　～てよかった ～해서 다행이다, ～하길 잘했다

>> 【て형】+ よかった

| 예문 |

❶ うわあ、もうお客さんでいっぱい。やっぱり予約しといてよかったですね。

와, 벌써 손님으로 꽉 찼어. 역시 예약해 놓길 잘했네.

❷ 落ちたところが浅くてよかったよ。深い川だったら流されてたね。

떨어진 데가 얕아서 다행이지. 깊은 강이었으면 떠내려갔었을 거야.

❸ 先生が親切でよかったね。あんた怖い人苦手だから。

선생님이 친절해서 다행이네. 너 무서운 사람은 어려워하니까.

❹ 担当者が清水さんでよかったよ。やっぱり慣れてる人の方がいいからね。

담당자가 시미즈 씨라서 다행이야. 역시 익숙한 사람이 더 좋잖아.

❺ 課長就任おめでとう！会社辞めたいって言ってた時期もあったけど、辞めなくてよかったね。

과장 취임 축하해! 회사 그만두고 싶다고 말했던 시기도 있었지만, 안 그만두길 잘했네.

▶ **낱말과 표현**

浅い 얕다 | **流される** 떠내려가다 ('流す(흘리다)'의 수동형) | **あんた** 당신, 너 (아나타보다 덜 높여 부르는 말) |
担当者 담당자 | **慣れている** 익숙하다 ('慣れる(익숙해지다)'+ている) | **就任** 취임 | **時期** 시기

02 ～ないことには ～하지 않고서는

Tip

뒤에 반드시 부정 표현이 오며, 가능형의 부정이 쓰이는 경우가 많습니다. '～해야 ～할 수 있다'로 해석하는 것이 더 자연스러울 수도 있습니다.

» 【ない형】+ ことには

| 예문 |

❶ この仕事が終わらないことには、遊びに行けません。

이 일이 끝나지 않고서는 놀러 갈 수 없습니다. → 이 일이 끝나야 놀러 갈 수 있습니다.

Tip

'～하지 않으면'이라는 뜻으로 사용되는 '～ないと'나 '～なければ'와 대체 가능하지만, '～ないことには'는 주관적인 판단을 강조하는 기능이 있기 때문에 '꼭 ～해야겠다'는 뉘앙스가 강합니다.

❷ 資金を貯めないことには起業できません。

자금을 모으지 않고서는 기업할 수 없습니다. → 자금을 모아야 기업할 수 있습니다.

❸ A こんな難しい仕事、部下にやらせて大丈夫？

이런 어려운 일을 부하한테 시켜도 괜찮아?

B やらせてみないことにはわからないよ。

시켜 보지 않고서는 알 수 없지. → 시켜 봐야 알지.

❹ A 右の脇腹が痛いんですけど、何の病気ですか。

오른쪽 옆구리가 아픈데 무슨 병이에요?

B 診てみないことには何とも言えませんよ。

진찰해 보지 않고서는 뭐라고 말할 수 없지요. → 진찰해 봐야 말할 수 있지요.

▶ **낱말과 표현**

資金 자금 | **貯める** (돈을) 모으다 | **起業** 기업(사업을 일으킴) | **部下** 부하 | **脇腹** 옆구리 | **診る** 진찰하다

03 〜てでも 〜해서라도

» 【て형】 + でも

| 예문 |

❶ 何としてでもこの大学に受かりたいんです。

어떻게 해서라도 이 대학에 붙고 싶거든요.

❷ 病気で寝込んでる人に、無理をしてでも来いだなんて言えませんよ。

병상에 누워 있는 사람한테 무리해서라도 오라는 말은 못 하겠어요.

❸ いい店だね。今度、出不精の妻を引っ張ってでも連れて来なくちゃ。

좋은 가게군. 다음에 나가기 귀찮아하는 아내를 끌고서라도 데려와야 되겠다.

❹ 他人を蹴落としてでも出世しようという姿勢には好感が持てない。

다른 사람을 밀어내고서라도 출세하려는 자세에는 호감이 가지 않는다.

> **Tip**
>
> 예문 ③④처럼 '〜하고서라도'라고 해석하는 것이 자연스러울 때도 있습니다.

▶ **낱말과 표현**

寝込む (병상에) 오래 눕다 | 出不精 외출하기를 귀찮아하는 성질 | 引っ張る 끌다, 끌어당기다 | 連れて来る 데려오다 |
他人 타인, 남 | 蹴落とす (남을) 밀어내다 | 出世 출세 | 姿勢 자세 | 好感が持てる 호감이 가다

▶ 아래 예와 같이 문장을 완성해 봅시다.

예)

| 持って来る | あ、降り出しましたね。
傘を持って来てよかったです。 |

어, 비가 내리기 시작했네요. 우산을 가져와서 다행입니다.

❶ 小さい

大きな地震でしたが、

被害が＿＿＿＿＿＿＿＿＿＿よかったですね。

❷ 間に合う

出発に＿＿＿＿＿＿＿＿＿＿よかったよ。

一人じゃ行き方がわからないからね。

❸ 無事だ

台風、すごかったんだって？でも、

＿＿＿＿＿＿＿＿＿＿よかったよ。

❹ 諦める
(ない형)

やっと就職が決まりました。

＿＿＿＿＿＿＿＿＿＿よかったです。

▶ 낱말과 표현

地震 지진 | 被害 피해 | 間に合う 늦지 않게 도착하다 | 無事だ 무사하다 | 台風 태풍 | 諦める 포기하다

▶ 아래 예와 같이 문장을 완성해 봅시다.

예)

읽다

原作を読まないことには、
この話の本当の面白さはわからないよ。

원작을 읽지 않고서는 이 이야기의 진정한 재미는 알 수 없을 거야.
(원작을 읽어야 이 이야기의 진정한 재미를 알 수 있을 거야.)

❶

모이다

メンバーが_____、
ミーティングが始められません。

❷

바뀌다

自分が_____、
人を変えることなんてできませんよ。

❸

만나다

写真の印象はいいですが、_____
どんな人かわかりません。

❹

말을 걸다

見ているだけじゃダメ！
_____恋は始まらないよ。

▶ **낱말과 표현**

原作 원작 │ 集まる 모이다 │ 印象 인상 │ 話しかける 말을 걸다

▶ 아래 예와 같이 문장을 완성해 봅시다.

예)

任^{まか}せてください。<u>徹^{てつ}夜^やしてでも</u>企^き画^{かく}書^{しょ}を完^{かん}成^{せい}させます。

(염려 없이) 맡겨 주세요. 밤을 새워서라도 기획서를 완성시키겠습니다.

❶ これからは、お金^{かね}を＿＿＿＿＿＿＿＿＿＿＿＿＿見^みたくなるよう
な動^{どう}画^がを作^{つく}っていきたい。

❷ わかってください。嘘^{うそ}を＿＿＿＿＿＿＿＿＿＿＿
親^{おや}には心^{しん}配^{ぱい}をかけたくないんですよ。

❸ 少^{すこ}しくらい周^{まわ}りに迷^{めい}惑^{わく}を＿＿＿＿＿＿＿＿＿＿、
自^じ分^{ぶん}らしく生^いきることが大^{たい}切^{せつ}だよ。

❹ ちょっと熱^{ねつ}があるけど、初^{はつ}デートなんだから
＿＿＿＿＿＿＿＿＿＿＿＿＿行^いかなくちゃ。

❺ いいか、どんな手^てを＿＿＿＿＿＿＿＿＿＿＿
犯^{はん}人^{にん}を探^{さが}し出^だせ！

| つく | 這^はう | 使^{つか}う | 払^{はら}う | かける | 徹^{てつ}夜^やする |

▶ 낱말과 표현

任^{まか}せる 맡기다 ┃ 企^き画^{かく}書^{しょ} 기획서 ┃ 動^{どう}画^が 동영상 ┃ 心^{しん}配^{ぱい}をかける 걱정을 끼치다 ┃ 熱^{ねつ} 열 ┃ 初^{はつ}デート 첫데이트 ┃
犯^{はん}人^{にん} 범인 ┃ 探^{さが}し出^だす 찾아내다 ┃ 嘘^{うそ}をつく 거짓말을 하다 ┃ 這^はう 기다 ┃ 手^てを使^{つか}う 수를 쓰다 ┃
迷^{めい}惑^{わく}をかける 폐를 끼치다 ┃ 徹^{てつ}夜^やする 밤새우다

▶ 주어진 질문에 예와 같이 대답해 봅시다.

① 最近、どんなことで「よかった」と感じましたか。

예) インフルエンザが治ってよかったです。

_____

② 「実際にやってみないことにはわからないこと」は、どんなことですか。

예) 日本語の面白さは、勉強してみないことにはわかりませんよ。

_____

③ 何としてでも／どんな手を使ってでも、実現したいことはありますか。

예) 何としてでも彼女と結婚したいです。

_____

▶ 낱말과 표현

インフルエンザ 인플루엔자, 독감 ┃ 治る 낫다 ┃ 実際に 실제로 ┃ 実現 실현

勝負はこれから

Track 6-05-02

医学部に合格した。しかし勝負はこれからだ。私の最終的な夢は、何としてでも「国境なき医師団」に入って、世界の貧困地域や紛争地帯などで苦しむ人々を救うことだ。

そのためには、まず医学部に入学しないことには始まらないのだが、ひとまず第一歩を踏み出すことができてよかった。しかし医師免許がないことには医師にはなれないし、十分な臨床経験がないことには「国境なき医師団」で活躍することはできない。これからもっと努力していかなければ。

また、英語はもちろんフランス語やアラビア語にも精通していないことには、現地でコミュニケーションをとることが難しい。フランス語を子供のころから勉強しておいてよかった。何気なく始めたのだが、実際に役に立つとは。今後は語学をもっと強化していかなければ。

ともかく、世界中の人々を救うためなら、どんな苦労を買ってでも勉強と経験を積み重ねていく覚悟はできている。これからの自分の活躍に期待したい。

▶ 낱말과 표현

勝負 승부 | **医学部** 의학부, 의대 | **最終的** 최종적 | **国境なき医師団** 국경없는의사회 | **貧困地域** 빈곤 지역 |
紛争地帯 분쟁 지대 | **救う** 구원하다, 구제하다 | **ひとまず** 일단 | **第一歩** 첫걸음 | **踏み出す** 내디디다 | **免許** 면허(증) |
臨床経験 임상 경험 | **活躍** 활약 | **精通する** 정통하다 | **現地** 현지 | **コミュニケーション** 커뮤니케이션, 의사소통 |
何気なく 무심코, 별 뜻 없이 | **実際に** 실제로 | **今後** 앞으로 | **強化** 강화 | **ともかく** 하여튼 | **世界中** 전 세계 |
苦労 고생 | **積み重ねる** 겹쳐 쌓다 | **覚悟** 각오

▶ [읽기 연습]을 참고하여 어떻게 해서라도 실현하고 싶은 일에 대해 써 봅시다.

問題1 次の文の（　　　　）に入れるのに最もよいものを、①・②・③・④から一つ選び
なさい。

1　風邪気味だが、重要な会議なので無理を（　　　　）行かなくてはなら
ない。

① していて　　　② してでも　　　③ しないで　　　④ しなくても

2　事故だって聞いて心配してたけど、大したこと（　　　　）よかった。

① で　　　　　② なのに　　　　③ だけで　　　　④ なくて

3　実際に会ってみない（　　　　）、どんな人かわからない。

① とすると　　　② とすれば　　　③ ことには　　　④ ことなら

問題2 次の言葉の使い方として最もよいものを、①・②・③・④から一つ選びなさい。

4　無事

① ときどき、無事に甘いものが食べたくなることがある。

② もう気持ちは固まっているので、何を言っても無事だよ。

③ 飛行機の遅れはありましたが、先ほど無事に東京に着きました。

④ あの人、何だか無事で付き合いにくそうな人ですね。

問題3 次の文の　★　に入る最もよいものを、①・②・③・④から一つ選びなさい。

5　初めて見る果物なので、＿＿＿＿＿ ＿★＿ ＿＿＿＿＿ ＿＿＿＿＿ どうかわか
りません。

① 食べて　　　② おいしいか　　　③ ことには　　　④ みない

일본 문화 탐방

▶ **しりとり 끝말잇기**

りんご → ゴリラ → ラッパ → パンツ → つばめ → めだか……

이것은 무엇일까요? 바로 일본어의 끝말잇기, 'しりとり'입니다. 말의 끝을 '尻(엉덩이)'에 빗대어, 말의 끝을 따서 다음 말에 연결한다는 뜻입니다. 남녀노소 누구나 즐길 수 있는 간편한 놀이입니다.

기본적인 룰은 한국의 끝말잇기와 같지만, 일본어로 하면 말끝이 받침 없이 거의 다 모음이기 때문에 단순한 면이 있습니다. 다만 일본어에서 유일하게 자음으로 끝나는 소리인 'ん'을 주의해야 합니다. 'ん'로 시작하는 단어가 없기 때문에 'ん'로 끝나는 단어를 말한 사람은 그 순간 게임에서 지게 됩니다.

주로 다음과 같은 しりとり 특유의 룰이 있습니다.

사용할 수 있는 말은 명사에 한정되며 인명, 도시명, 제품명 등 고유명사의 경우에는 그 자리에 있는 모두가 알 만큼 인지도가 높은 것에 한해서 가능합니다.

장음으로 끝날 경우, 장음 앞의 음절로 잇거나 마지막 모음으로 잇습니다. 예를 들어 누가 'コーヒー(커피)'라고 했다면 그다음 사람은 'ひ'로 시작하거나 'い'로 시작합니다. 요음으로 끝난다면, 마지막 음절을 그대로 잇거나 작은 글자를 큰 글자로 취급해 잇습니다. 예를 들어 누가 '真珠(진주)'라고 했다면 그다음 사람은 'じゅ'로 시작하거나 'ゆ'로 시작합니다.

비법을 하나 드리자면, 일본어에는 ら행, 특히 'る'로 시작되는 말이 적기 때문에 'る'로 끝나는 말을 사용하면 좋은 공격이 됩니다. 바꿔 말하면 ら행이나 'る'로 시작되는 말을 얼마나 아는지가 승부의 열쇠라고 할 수 있지요.

일본어 공부 삼아 간편하게 즐기는 놀이로 여러분도 평소 자주 해 보는 것이 어떨까요?

자, 그럼 'しりとり' 한번 시작해 볼까요?

음…… 'かえる(개구리)'!

✏️ 가타카나를 써 보자!

プロジェクト 프로젝트, 기획	プロジェクト	
スケジュール 스케줄, 일정	スケジュール	
メンバー 멤버, 구성원	メンバー	
ミーティング 미팅, 회의	ミーティング	
ディスカッション 디스커션, 토론	ディスカッション	

✏️ 한자를 써 보자!

事故 사고	事故		
倒れる 쓰러지다	倒れる		
寝込む 병상에 눕다	寝込む		
お見舞い 문병	お見舞い		
退院 퇴원	退院		

部長を通して知り合いました。

부장님을 통해 알게 되었습니다.

point

01 ～を通して ～을 통해

02 ～からすると ～(으)로 보아, ～입장에서 보면

03 ～ざるをえない ～하지 않을 수 없다, ～할 수밖에 없다

Track 6-06-01

菅原 あ、あそこ、ホンさん。彼、今付き合ってる人がいるって知ってました？

禹 うん、確か部長を通して知り合ったとか。

菅原 うまく行ってるんですかね。

禹 うーん、あの表情からすると結婚も秒読みかもよ。

菅原 え？そうなんですか……。

禹 何？もしかしてねらってた？ちょっとあきらめざるをえないかもね。

▶ **낱말과 표현**

付き合う 사귀다 ┃ **確か** 나의 기억으로는 (부사로 사용) ┃ **知り合う** 알게 되다 ┃ **～とか** ～던가 ┃ **うまく行く** 잘되다 ┃
秒読み 초읽기 ┃ **ねらう** 노리다, 겨냥하다

01 ~を通して ~을 통해

≫ 【명사】+ を通して

| 예문 |

❶ フェイスブックを通して彼女と知り合った。

페이스북을 통해 그녀와 알게 되었다.

❷ エージェントを通してご依頼ください。

에이전트를 통해 의뢰해 주십시오.

❸ 日本での生活を通して、多くのことを学んだ。

일본에서의 생활을 통해 많은 것을 배웠다.

❹ 活発な議論を通して、お互いへの理解を深めました。

활발한 논의를 통해 서로에 대한 이해를 깊게 했습니다.

❺ この国の気候は、一年を通して温暖だ。

이 나라의 기후는 일년 내내 온난하다.

Tip

유사 표현으로 '~を通じて'가 있으며 같은 문맥으로 사용할 수 있습니다. 단, 약간의 뉘앙스 차이가 있습니다. 단순히 매개로 함을 나타낼 때는 '~を通して'를 쓰고, 그것을 경로로 하여 어떤 결과가 나타남을 말할 때는 '~を通じて'를 쓰는 경향이 있습니다.

メールを通じて、ウイルスに感染した。 메일을 통해(경로로) 바이러스에 감염되었다.

Tip

예문 ⑤처럼 기간을 나타내는 경우에도 사용됩니다.

▶ **낱말과 표현**

フェイスブック 페이스북 | 知り合う 서로 알다(알게 되다) | エージェント 에이전트 | 依頼 의뢰 | 学ぶ 배우다 |
活発だ 활발하다 | 議論 논의 | お互い 서로 | 深める 깊게 하다 | 気候 기후 | 温暖だ 온난하다 | ウイルス 바이러스 |
感染する 감염되다

02 　〜からすると　〜(으)로 보아, 〜입장에서 보면

>> 【명사】+からすると

| 예문 |

❶ 実力からすると、十分合格できるでしょう。
　실력으로 보아 충분히 합격할 수 있을 거예요.

❷ この症状からすると、インフルエンザかもしれません。
　이 증상으로 보아 독감일 수도 있습니다.

❸ あの発音からすると、韓国人ではなさそうだ。
　그 발음으로 보아 한국인이 아닐 것 같다.

❹ 沖縄出身の私からすると、その意見にはあまり共感できません。
　오키나와 출신인 제 입장에서 보면 그 의견에는 그다지 공감할 수 없습니다.

❺ 親からすると、子供はいくつになっても子供なんだよ。
　부모 입장에서 보면 자식은 몇 살이 돼도 아이인 거야.

Tip

같은 뜻으로 '〜からすれば'나 '〜からしたら'도 사용할 수 있습니다.

Tip

'〜(으)로 보아'의 뜻으로는 뒤에 '〜でしょう' '〜かもしれない', '〜そうだ', '〜ようだ'와 같은 추량 표현이 붙는 경우가 많습니다. 또한 이 뜻으로는 '〜からして'도 사용할 수 있습니다.

▶ **낱말과 표현**

症状 증상 | インフルエンザ 인플루엔자, 독감 | 発音 발음 | 共感 공감

03 ～ざるをえない ～하지 않을 수 없다, ~할 수밖에 없다

» 【동사 ない형】＋ざるをえない

する → せざるをえない

| 예문 |

❶ 頭痛がひどいので、今日は休まざるをえない。
두통이 심해서 오늘은 결석(결근)할 수밖에 없다.

❷ こちらにミスがあったのだから、謝らざるをえないな。
우리 쪽에 실수가 있었던 거라 사과할 수밖에 없겠군.

❸ 家庭の事情で、学校をやめざるをえなかった。
집안 사정으로 학교를 그만둘 수밖에 없었다.

❹ 物が売れない以上、値下げせざるをない。
물건이 팔리지 않는 이상, 가격을 내리지 않을 수 없다.

❺ ダイエットのために、毎日運動せざるをえない。
다이어트 때문에 매일 운동하지 않을 수 없다.

Tip

같은 뜻으로 '～しかない'와 '～ないわけにはいかない'가 있으며 서로 바꿔 쓸 수 있는 경우가 많습니다. 다만 조금씩 뉘앙스 차이가 있어 간단하게 정리하자면, '～しかない'는 말 그대로 그렇게 하는 것 외에 다른 방법이 없음을 의미하며, '～ないわけにはいかない'는 그렇게 하는 것에 대해 도의적 책임을 느끼는 뉘앙스가 강합니다. 반면 '～ざるをえない'는 그렇게 하기를 원하지 않지만 상황상 포기하고 그렇게 함을 의미합니다.

メニューにうどんしかないなら、うどんを食べるしかない。
메뉴에 우동밖에 없다면 우동을 먹을 수밖에 없다.

部長の奥さんが作ってくれたものを食べないわけにはいかない。
부장님의 사모님께서 만들어 주신 음식을 먹지 않을 수는 없다.

ダイエット中だが、こんなごちそうを目の前にしたら食べざるをえない。
다이어트 중이지만 이런 호화로운 음식을 눈앞에 두면 먹지 않을 수 없다.

▶ **낱말과 표현**

頭痛 두통 │ 謝る 사과하다 │ 家庭の事情 집안 사정 │ 売れる 팔리다 │ 値下げ 가격 인하 │ ごちそう 호화로운 음식 │
目の前にする 눈앞에 두다

▶ 아래 예와 같이 문장을 완성해 봅시다.

예)

共通の友人を通して、現在の妻に出会いました。

서로 아는 친구를 통해 현재의 아내를 만나게 됐습니다.

❶ _____、

職場環境の改善方法について学びました。

❷ このセンターでは、_____

外国人との交流を行っている。

❸ 日本行きのチケットとホテルは、

_____予約することにした。

❹ 彼女は_____、

紛争地域の支援活動を行った。

❺ _____、この部屋を見つけました。

旅行サイト　　ワークショップ　　共通の友人

不動産屋　　文化体験　　NGO活動

┌ **낱말과 표현**

共通 공통 | **職場** 직장 | **環境** 환경 | **改善** 개선 | **交流** 교류 | **行う** 행하다, 하다 | **紛争** 분쟁 | **地域** 지역 |

支援 지원 | **ワークショップ** 워크샵 | **不動産屋** 부동산 중개업체 | **体験** 체험

84

▶ 아래 예와 같이 문장을 완성해 봅시다.

예)

　　実力からすると、今度のテストも彼が一番でしょう。

실력으로 보아 이번 시험도 그가 일등이겠지요.

❶　あの＿＿＿＿＿＿＿＿＿＿＿＿＿＿、

　　彼女は大阪出身かもしれない。

❷　＿＿＿＿＿＿＿＿＿＿＿＿＿＿＿、

　　一人娘の結婚は寂しいもんだ。

❸　＿＿＿＿＿＿＿＿＿＿＿＿＿、軽い胃炎みたいですね。

❹　大衆受けはいいけど、＿＿＿＿＿＿＿＿＿＿＿＿、

　　あまりいい作品とは言えないらしい。

❺　あの＿＿＿＿＿＿＿＿＿＿＿＿＿、

　　今日の先生は機嫌が悪いようだ。

顔つき　　（実力）　　男親　　専門家　　アクセント　　症状

▶ 낱말과 표현

胃炎 위염 │ 大衆受けがいい 대중의 지지를 받다 │ 機嫌が悪い 기분이 언짢다 │ 顔つき 표정 │ 男親 부친, 아버지 │
専門家 전문가 │ アクセント 악센트 │ 症状 증상

▶ 아래 예와 같이 문장을 완성해 봅시다.

예)

急用^{きゅうよう}のため、家^{いえ}に帰^{かえ}らざるをえません。

급한 일 때문에 집에 가지 않을 수 없습니다.

(집에) 돌아가다

❶ 飛行機^{ひこうき}のチケットがとれないので、

日本行^{にほんい}きは＿＿＿＿＿＿＿＿＿＿＿＿＿＿＿＿。

포기하다

❷ このやり方^{かた}には反対^{はんたい}だが、

会社^{かいしゃ}の方針^{ほうしん}なら＿＿＿＿＿＿＿＿＿＿＿＿＿＿＿。

따르다

❸ リストラに遭^あい、今月^{こんげつ}いっぱいで会社^{かいしゃ}を

＿＿＿＿＿＿＿＿＿＿＿＿＿＿＿＿＿＿＿。

그만두다

❹ 注文^{ちゅうもん}が多^{おお}い時^{とき}は、

夜遅^{よるおそ}くまで＿＿＿＿＿＿＿＿＿＿＿＿＿＿＿＿＿。

잔업하다

▶ **낱말과 표현**

急用^{きゅうよう} 급한 일 | **諦^{あきら}める** 포기하다 | **やり方^{かた}** 하는 방식 | **反対^{はんたい}** 반대 | **従^{したが}う** 따르다 |
リストラに遭^あう 구조조정을 당하다 | **やめる** 그만두다 | **残業^{ざんぎょう}する** 잔업하다

▶ 주어진 질문에 예와 같이 대답해 봅시다.

① ソーシャルメディアを通して、どんなことをしていますか。

예) ユーチューブを通して、料理を学んでいます。

_____

② クラスメートはどこの出身だと思いますか。

예) ○○さんは、話し方からすると慶北の出身だと思います。

_____

③ 最近せざるをえないことはありますか。

예) はい、留学費用を稼ぐため、毎日アルバイトせざるをえません。

_____

▶ 낱말과 표현

学ぶ 배우다 ｜ 留学 유학 ｜ 費用 비용 ｜ 稼ぐ 벌다

 Track 6-06-02

就職準備
しゅうしょくじゅんび

ここ数年、韓国では若者の就職が大変厳しいため、私も早めに就職の準備を始めざるをえなかった。

特に英語は就職のための基本スキルなので、大学の講義や英語教室、オンライン英会話など、いろいろな授業を通して、英語の実力を伸ばすための努力をしてきた。ただ韓国の大企業からすると、英語はできて当たり前。公募の段階で、TOEICの点数が少なくとも800点以上であることを求めていることも多い。その中で勝負するわけだから、英語の勉強だけでも精一杯だと言わざるをえない。

3年生になると就職情報サイトを通して、職業適性テストを受け、大学でカウンセリングを受けたり面接の練習をしながら、就職に備えてきた。しかし卒業を目前に控えた今も、残念ながらまだ就職できていない。この状況からすると、就職が決まらないまま卒業せざるをえないかもしれない。

一方、日本では就職があまり難しくないそうだ。私のような韓国の大学生からすると、日本の大学生がうらやましい。いっそのこと日本に就職してしまおうか。

▶ 낱말과 표현

ここ数年 최근 몇 년 동안 | **厳しい** 혹독하다 | **スキル** 기술, 능력 | **講義** 강의 | **オンライン** 온라인 | **英会話** 영어회화 | **実力を伸ばす** 실력을 높이다 | **大企業** 대기업 | **～て当たり前** ~하는 것이 당연하다 | **公募** 공모 | **段階** 단계 | **少なくとも** 적어도 | **求める** 요구하다 | **～だけでも精一杯** ~만으로도 벅차다 | **情報** 정보 | **適性** 적성 | **カウンセリング** 상담 | **～に備える** ~에 대비하다 | **目前に控える** 눈앞에 두다 | **残念ながら** 아쉽게도, 유감스럽게도 | **状況** 상황 | **～まま** ~채로, ~대로 | **一方** 한편 | **うらやましい** 부럽다 | **いっそのこと** 차라리

▶ [읽기 연습]을 참고하여 어떤 일을 준비하면서 힘들었던 일에 대해 써 봅시다.

問題1 次の文の（　　　）に入れるのに最もよいものを、①・②・③・④から一つ選びな
さい。

1 日本語の授業を（　　　）、日本文化に興味が湧いてきた。

① 始め　　　　② 問わず　　　　③ 通して　　　　④ 最後に

2 話し方やアクセント（　　　）、どうやら彼は外国人らしい。

① からには　　② だからこそ　　③ からすると　　④ だからといって

3 日本語の習得のためには、漢字を勉強（　　　）をえない。

① さざる　　　② しざる　　　　③ すざる　　　　④ せざる

問題2 _____の言葉に意味が最も近いものを、①・②・③・④から一つ選びなさい。

4 今日の先生はとてもいい表情をしている。

① 声　　　　　② 顔つき　　　　③ 話し方　　　　④ 身なり

問題3 次の文の ___★___ に入る最もよいものを、①・②・③・④から一つ選びなさい。

5 この学校は、建物の ＿＿＿ ★ ＿＿＿ ＿＿＿ 学校とは言えない。

① からすると　② 大規模な　　　③ 決して　　　　④ 大きさ

일본 문화 탐방

▶ 駅伝 에키덴(장거리 릴레이)

나라마다 대중적으로 인기 있는 스포츠나 유난히 잘하는 경기가 있기 마련이죠? 예를 들어 우리 나라는 양궁이 올림픽 같은 국제경기에서 매번 좋은 성적을 거둘 만큼 효자 스포츠로 인기가 많습니다.

일본에 '駅伝'이라는 경기가 있는데 혹시 들어본 적 있나요? 마라톤처럼 일반도로를 달리는 이른바 '장거리 릴레이'로, 일본 특유의 육상 스포츠 경기라고 할 수 있죠.

가장 인기 있는 '駅伝' 대회는 '箱根駅伝(하코네 에키덴)'입니다. 간토 지방 대학생 경기로, 온천 휴양지 箱根를 무대로 왕복 200km 이상의 거리를 팀당 10명의 선수들이 구간 평균 약 20km씩 달립니다. 팀은 학교 단위로 이루어지며 우승 후보 학교의 선수들은 온 국민의 주목을 받으며 스타 못지 않은 인기를 누립니다.

'箱根駅伝'은 매년 1월 2일과 3일, 이틀에 나누어 진행됩니다. 이 시기는 일본 최대 명절인 '正月'(설날/구정)와 겹치는데, 가족들이 다 같이 한자리에 모여 TV중계를 통해 '箱根駅伝'을 시청하면서 설을 쇠는 것이 전형적인 '正月' 풍경 중 하나이기도 합니다.

그런데 이 경기를 '駅伝'이라고 부르는 이유는 무엇일까요? 고대 일본에는 중앙과 지방을 연결하는 간선도로 약 16km마다 중계소가 있었는데, 이를 '駅(역)'라고 불렀습니다. 당시에는 말이 주된 이동 수단이었기 때문에 각 '駅'에는 다음 '駅'까지 타고 갈 말이 마련되었고 이를 '伝馬制(전마제)'라고 했는데, 이것이 '駅伝'의 유래가 되었다고 합니다. 정말 일본 문화에 깊숙이 뿌리를 내린 스포츠 경기라고 할 수 있겠네요.

여러분도 1월 초 일본에 가게 되면 '箱根駅伝'을 한번 시청해 보는 것은 어떨까요? 대학생 선수들이 온 힘을 다해 달리는 모습에 감동받을 수도 있습니다.

✏ 가타카나를 써 보자!

ソーシャルメディア 소셜 미디어	ソーシャルメディア	
ツイッター 트위터	ツイッター	
フェイスブック 페이스북	フェイスブック	
インスタグラム 인스타그램	インスタグラム	
ユーチューブ 유튜브	ユーチューブ	

✏ 한자를 써 보자!

しょく ば **職場** 직장	職場		
じ じょう **事情** 사정	事情		
ざんぎょう **残業** 잔업	残業		
かんきょう **環境** 환경	環境		
かい ぜん **改善** 개선	改善		

当分行けそうもありません。
とう ぶん い

당분간 못 갈 것 같습니다.

point

01 ～そうもない ～할 것 같지 않다, ～하지 않을 것 같다

02 ～限り ～하는 한, ～하는 이상
かぎ

03 ～ついでに ～하는 김에

Track 6-07-01

朱　今度、大阪に遊びに行くついでに広島にも行こうと思うんですが。

市川　え？広島と大阪はそんなに近くないですよ。

朱　ええ、知っています。でも今度行かないと、当分行けそうもありませんから。

市川　そうですか。広島に行かない限り、見られない歴史資料などもありますからね。

朱　大阪から日帰りできますよね。

市川　新幹線に乗れば可能です。1時間半くらいかかるみたいですよ。

▶ **낱말과 표현**

当分 당분간 | **歴史** 역사 | **資料** 자료 | **日帰り** 당일치기 | **可能だ** 가능하다

01　～そうもない ～할 것 같지 않다. ～하지 않을 것 같다

≫【동사 ます형】＋ そうもない

Tip

'～そうにない', '～そうにもない'
의 형태로 사용하기도 합니다.
この雨は当分やみそうもない／
やみそうにない／やみそうにも
ない。
이 비는 당분간 그칠 것 같지 않다.

| 예문 |

❶ 彼の構想は壮大すぎて、とても実現しそうもない。

그의 구상은 너무나 장대해서 도저히 실현될 것 같지 않다.

❷ この記録は当分破られそうもないですね。

이 기록은 당분간 깨질 것 같지 않네요.

❸ 医学部には受かりそうもないので、志望学部を変更した。

의대에 붙을 것 같지 않아 지망 학부를 변경했다.

❹ こんなストレスの多い業務は新入社員には耐えられそう
もないよ。

이런 스트레스가 많은 업무는 신입사원에게는 견딜 수 없을 것 같아.

❺ このままだと、レポートは明日までにできそうもありま
せん。

이대로라면 리포트는 내일까지 완성할 수 없을 것 같습니다.

▶ **낱말과 표현**

構想 구상 ｜ **壮大だ** 장대하다 ｜ **とても** 도저히 ｜ **記録を破る** 기록을 깨다 ｜ **医学部** 의학부, 의대 ｜ **志望** 지망 ｜
学部 학부 ｜ **変更** 변경 ｜ **業務** 업무 ｜ **新入社員** 신입사원 ｜ **耐える** 견디다 ｜ **レポート** 리포트, 보고서

02 **～限^{かぎ}り** ～하는 한, ～하는 이상

> 》 【동사 기본형·ない형】+ 限^{かぎ}り

| 예문 |

❶ 治安^{ちあん}が悪^{わる}い地域^{ちいき}でも、家^{いえ}の中^{なか}にいる限^{かぎ}り安全^{あんぜん}です。

치안이 나쁜 지역이라도 집 안에 있는 한 안전합니다.

❷ 生^いきている限^{かぎ}り、学^{まな}び続^{つづ}けるつもりです。

살아 있는 한 계속 배울 생각입니다.

❸ 目標^{もくひょう}に向^むかって努力^{どりょく}している限^{かぎ}り、必^{かなら}ず良^よい結果^{けっか}が出^でますよ。

목표를 향해 노력하고 있는 한 반드시 좋은 결과가 나올 겁니다.

❹ 生活習慣^{せいかつしゅうかん}を改^{あらた}めない限^{かぎ}り、健康診断^{けんこうしんだん}の数値^{すうち}は改善^{かいぜん}しませんよ。

생활 습관을 고치지 않는 한 건강검진의 수치는 개선되지 않을 거예요.

❺ 今^{いま}の法律^{ほうりつ}が変^かわらない限^{かぎ}り、彼^{かれ}の行動^{こうどう}は違法行為^{いほうこうい}になる。

현재 법률이 바뀌지 않는 한 그의 행동은 위법 행위가 된다.

Tip

동사 '～ている限^{かぎ}り' 형태와 '～ない限^{かぎ}り' 형태로 사용되는 경우가 많습니다.

Tip

な형용사와 명사에 접속할 경우 '～である'로 연결합니다.

プロである限^{かぎ}り、仕事^{しごと}はしっかりこなすべきだ.

프로인 이상 일은 확실히 처리해야 한다.

▶ **낱말과 표현**

治安^{ちあん} 치안 | 地域^{ちいき} 지역 | 学^{まな}ぶ 배우다 | ます형+続^{つづ}ける 계속 ～하다 | 目標^{もくひょう} 목표 | 結果^{けっか} 결과 | 習慣^{しゅうかん} 습관 |
改^{あらた}める 다시하다, 고치다 | 健康診断^{けんこうしんだん} 건강검진 | 数値^{すうち} 수치 | 改善^{かいぜん} 개선 | 法律^{ほうりつ} 법률 | 行動^{こうどう} 행동 | 違法^{いほう} 위법 |
行為^{こうい} 행위 | しっかり 확실히, 단단히 | こなす 해치우다, 처리하다

03 　～ついでに 　～하는 김에

» 【동사 기본형·た형】+ ついでに

» 【동작성 명사】+ のついでに

Tip

동작이 분명할 경우, 앞의 동사나 명사를 생략해서 사용할 수 있습니다.

でかけるの？じゃあ、ついでにコーラも買ってきて。
나갈 거야? 그럼 나가는 김에 콜라도 사다 줘.

| 예문 |

❶ 銀行に行くついでに、コンビニに寄ります。

　은행에 가는 김에 편의점에 들릅니다.

❷ 来月の勤務表を作るついでに、新人研修の日程も組んでおこう。

　다음 달 근무표를 만드는 김에 신인교육의 일정도 짜 놓자.

❸ ラーメンのお湯を沸かしたついでに、お茶も入れた。

　라면 물을 끓인 김에 차도 달였다.

❹ 引っ越しのついでに、不要なものは捨てることにしました。

　이사하는 김에 불필요한 것들은 버리기로 했습니다.

❺ 買い物のついでに、美容院で髪を切ってきた。

　장 보러 간 김에 미용실에서 머리카락을 자르고 왔다.

▶ **낱말과 표현**

寄る 들르다 | 勤務表 근무표 | 新人 신인 | 研修 연수, 교육 | 日程を組む 일정을 짜다 | お湯を沸かす 물을 끓이다 | お茶を入れる 차를 달이다 | 引っ越し 이사 | 不要だ 불필요하다 | 捨てる 버리다 | でかける 외출하다, 나가다

▶ 아래 예와 같이 문장을 완성해 봅시다.

예)

(비가) 오다

とてもいい天気で、今日は雨が降りそうもありません。

아주 좋은 날씨라 오늘은 비가 올 것 같지 않네요.

❶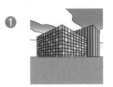

무너지다

この建物はとても頑丈で、

大きな地震が来ても＿＿＿＿＿＿＿＿＿＿＿＿＿。

❷

팔리다

ただでさえ本が売れないのに、

こんな難解な本は＿＿＿＿＿＿＿＿＿＿＿＿＿。

❸

잠들 수 있다

明日の修学旅行のことを考えると、

興奮して＿＿＿＿＿＿＿＿＿＿＿＿＿。

❹

이길 수 있다

ダイエット中ですが、

ケーキの誘惑には＿＿＿＿＿＿＿＿＿＿＿＿＿。

▶ **낱말과 표현**

頑丈だ 튼튼하다 | 崩れる 무너지다 | ただでさえ 그렇지 않아도, 가뜩이나 | 売れる 팔리다 | 難解だ 난해하다 |
修学旅行 수학여행 | 興奮 흥분 | 眠る 잠들다 | 誘惑 유혹 | 勝つ 이기다

▶ 아래 예와 같이 문장을 완성해 봅시다.

예)

| 포기하지 않다 |

あきらめない限(かぎ)り、努力(どりょく)は必(かなら)ず報(むく)われますよ。

포기하지 않는 한 노력은 반드시 보상받습니다.

❶ 사과하지 않다

ちゃんと誠意(せいい)を込(こ)めて＿＿＿＿＿＿＿＿＿＿＿＿、

絶対許(ぜったいゆる)しません。

❷ 있다

この会社(かいしゃ)に＿＿＿＿＿＿＿＿＿＿＿＿、

収入(しゅうにゅう)が増(ふ)えることはありません。

❸ 고치지 않다

今(いま)の考(かんが)え方(かた)を＿＿＿＿＿＿＿＿＿＿＿、

成功(せいこう)するのは難(むずか)しいと思(おも)います。

❹ 살아 있다

＿＿＿＿＿＿＿＿＿＿＿＿＿＿、

希望(きぼう)を捨(す)ててはいけません。

▶ 낱말과 표현

報(むく)われる 보상받다 | 誠意(せいい) 성의 | 込(こ)める 담다 | 謝(あやま)る 사과하다 | 絶対(ぜったい) 절대로 | 許(ゆる)す 용서하다 | 収入(しゅうにゅう) 수입 |
改(あらた)める 고치다, 개선하다 | 成功(せいこう) 성공 | 生(い)きる 살다, 생존하다 | 希望(きぼう) 희망 | 捨(す)てる 버리다

▶ 아래 예와 같이 문장을 완성해 봅시다.

예)

散歩のついでに、コンビニに寄っておにぎり買ってきてくれない？

산책 나가는 김에 편의점에 들러서 주먹밥 사다 줄래?

❶ 単語の意味を_____、発音も確認しておこう。

❷ _____、窓も拭いておいてね。

❸ 東京へ_____、

スカイツリーも見てきました。

❹ スーツを_____、

ワイシャツも何枚か買おうかな。

❺ _____、

入院している祖父の様子を見てきました。

出張に行く　調べる　新調する　床掃除
（散歩）　健康診断

▶ 낱말과 표현

単語 단어 ｜ 発音 발음 ｜ 拭く 닦다 ｜ スカイツリー 도쿄 스카이트리 ｜ 様子を見る 상황을 보다 ｜ 調べる 조사하다 ｜
新調する (옷이나 가구 등을) 새로 맞추다, 새로 장만하다 ｜ 床掃除 바닥 청소 ｜ 健康診断 건강검진

▶ 주어진 질문에 예와 같이 대답해 봅시다.

① いくら頑張（がんば）ってもできそうもないことはありますか。

예) はい、すべての授業（じゅぎょう）でAをとるのはできそうもありません。

_____

② 韓国（かんこく）に来（こ）ない限（かぎ）りわからないことはありますか。

예) はい、韓国料理（かんこくりょうり）のおいしさは、韓国（かんこく）に来（こ）ない限（かぎ）りわかりません。

_____

③ 外国（がいこく）に遊（あそ）びに行（い）く家族（かぞく）や友人（ゆうじん）に、ついでに買（か）ってきてもらいたいものがありますか。

예) はい、日本（にほん）に行（い）くついでに、梅干（うめぼし）と納豆（なっとう）を買（か）ってきてもらいたいです。

_____

▶ 낱말과 표현

梅干（うめぼし）일본식 매실장아찌 ｜ 納豆（なっとう）일본식 생청국장

日本語能力試験に挑戦

私は「机に向かって勉強」するのが苦手だ。好きな日本のドラマやアニメ

を見るついでに新しい言葉を覚えたり、日本人の友だちとラインのやりと

りをするついでに、わからない言葉を聞いて覚えたりするのが私の日本語

勉強法だ。その方が性に合っている。

そんな私が姉の勧めで12月に日本語能力試験のN2を受けることになった。

申し込みをしてお金を払い、問題集も買ってきてたまにページをめくっ

てみたりしているが、正直まったく受かりそうもない。

先日、家で模擬テストをやってみたのだが、散々な結果だった。すでに

N1に合格している姉には、「勉強のやり方を変えない限り、受からないよ」

と言われた。

「地道な努力を続けている限り、結果は必ずついて来る」というのが姉の信

念だ。だが私には姉の言う「努力」はできそうもない。何かのついでに試験

の勉強もできてしまう、そんな画期的な勉強法はないものだろうか。まず

はネットで調べてみよう。それが合格の第一歩だ。

▶ **낱말과 표현**

挑戦 도전 | **ライン** LINE(메시지 애플리케이션) | **やりとり** 주고받기 | **性に合う** 적성에 맞다 | **勧め** 권장, 추천 |
申し込み 신청 | **ページをめくる** 책장을 넘기다 | **受かる** 합격하다 | **模擬テスト** 모의고사 | **散々だ** 형편없다 |
結果 결과 | **地道だ** 꾸준하다, 착실하다 | **ついて来る** 따라오다 | **信念** 신념 | **画期的** 획기적 | **第一歩** 첫걸음

▶ [읽기 연습]을 참고하여 도전하고 싶지만 실현하기 어려운 일에 대해 써 봅시다.

問題1 次の文の（　　　）に入れるのに最もよいものを、①・②・③・④から一つ選びなさい。

☐1 仕事が多くすぎて、定時_{ていじ}に帰れ（　　　）。

　　① そうだ　　　　② そうもない　　　③ ようだ　　　　④ ようもない

☐2 君が（　　　）限り_{かぎ}、うまく行くことは間違いないよ。

　　① あきらめる　　② あきらめて　　　③ あきらめた　　④ あきらめない

☐3 薬局に行く（　　　）マスクも買ってきてくれない？

　　① くせに　　　　② ついでに　　　　③ とたんに　　　④ きっかけに

問題2 次の言葉の使い方として最もよいものを、①・②・③・④から一つ選びなさい。

☐4 ただでさえ

　　① ただでさえ安いのに、これをさらに半額にしてくれるの？

　　② 彼のことだから、続いてもただでさえ三日くらいだろう。

　　③ 最近になって、ただでさえ漢字が少し読めるようになった。

　　④ こんなミスを犯してしまっては、ただでさえ済まないだろう。

問題3 次の文の　★　に入る最もよいものを、①・②・③・④から一つ選びなさい。

☐5 僕の安月給では、こんなにも ＿＿＿＿ ＿＿＿＿ ＿★＿ ＿＿＿＿ ない。

　　① 高い　　　　　② 買えそうも　　　③ とても　　　　④ 指輪

일본 문화 탐방

▶ おでん 오뎅

어묵 좋아하시나요? 사계절 내내 맛있지만 특히 추운 겨울에 먹는 따끈한 어묵이야말로 별미죠. 어묵은 한국의 대표 길거리 음식 중 하나로, 흔히 일본어인 오뎅이라고도 부르는데요. 오뎅도 많은 일본인에게 사랑받는 슈퍼 소울 푸드입니다.

그런데 일본인 친구에게 어묵을 가리켜 오뎅 먹으라고 말하면 친구의 얼굴에 물음표가 뜰 수도 있습니다. 사실 일본에서 오뎅은 어묵 하나를 가리키는 것이 아니라, 가쓰오부시와 다시마를 우려낸 국물에 어묵을 비롯한 여러 가지 건더기를 넣어 끓인 냄비요리 전체를 말합니다. 그래서 어묵을 냄비에서 그릇에 덜어낸 것을 보고 오뎅이라고 말할 수는 있지만, 어묵만을 가리켜 오뎅이라고 부르면 일본어로는 어색한 말이 되어 버리는 것이죠.

일본 오뎅의 주된 건더기는 물론 어묵입니다. 어묵의 종류도 다양해서 이름도, 모양도, 식감도 다른 많은 어묵이 오뎅에 들어 있습니다. 이 외에도 주된 건더기로 삶은 계란, 곤약, 규스지(소 힘줄), 문어 다리, 감자 등이 있고, 기타 지역마다 다양한 건더기를 넣는다고 합니다. 그런데 가장 인기 있는 건더기는 어묵이 아니라 바로 무입니다. 오뎅에 무가 빠지면 오뎅이 아니라고 생각하는 사람도 많습니다. 퇴근 후에 따끈한 오뎅 무와 함께 맥주 한잔. 이것이 일상생활의 소박하고도 소중한 낙이라고 생각합니다.

자, 이제 슬슬 일본 오뎅이 먹고 싶어졌을 텐데요. 오뎅집은 군이 찾지 않아도 이자카야(술집)에 들어가면 메뉴에 있는 경우가 많고, 편의점에서도 계산대 바로 옆에 설치된 오뎅 코너에서 살 수 있습니다.

일본 서민 음식의 왕, 오뎅. 일본에 가면 꼭 한번 드셔 보세요.

✏️ 가타카나를 써 보자!

セール 세일	セール	
バーゲン 바겐	バーゲン	
ディスカウント 디스카운트, 할인	ディスカウント	
アウトレット 아웃렛	アウトレット	
コスパ 코스트 퍼포먼스, 가성비	コスパ	

✏️ 한자를 써 보자!

おお さか **大阪** 오사카	大阪		
きょう と **京都** 교토	京都		
ひろ しま **広島** 히로시마	広島		
ふく おか **福岡** 후쿠오카	福岡		
おき なわ **沖縄** 오키나와	沖縄		

やせるのが
いつもいいこととは
限りません。
かぎ

살이 빠지는 것이 항상 좋은 일이라고는 할 수 없습니다.

point

01 ～とは限らない　～고는 (단정)할 수 없다
かぎ

02 ～がちだ　～하는 경향이 있다

03 ～どころではない　～할 상황이 아니다, ～할 여유는 없다

Track 6-08-01

任　水野さん、なんかやせたんじゃないですか。
　　うらやましいな。

水野　3キロくらいやせました。でも、
　　　やせるのがいつもいいこととは限りませんよ。

任　えっ、もしかして病気とかじゃないですよね。

水野　いやいや、仕事が忙しくて、寝る暇もないんですよ。

任　忙しいと、食生活も不規則になりがちですしね。

水野　そうなんですよ。大きなプロジェクトを抱えていると、
　　　ゆっくり食事どころではないですからね。

▶ **낱말과 표현**

やせる 살 빠지다 │ うらやましい 부럽다 │ 暇 (시간적) 틈, 여유 시간 │ 食生活 식생활 │ 不規則 불규칙적 │
プロジェクト 프로젝트 │ 抱える (짐, 문제 등을) 안다, (일을) 떠맡다

01　～とは限^{かぎ}らない ～고는 (단정)할 수 없다

Tip

必^{かなら}ずしも(결코, 반드시)・いつも (늘, 언제나)・常^{つね}に(항상)・みんな(모두)・すべて(전부, 다)・誰^{だれ}でも(누구나)・どこでも(어디든지)・何^{なん}でも(뭐든지) 등과 함께 사용될 경우가 많습니다.

» 【보통체】+ とは限^{かぎ}らない

» 【명사·な형용사】+ (だ)とは限^{かぎ}らない (현재형)

| 예문 |

❶ インスタント食品^{しょくひん}が必^{かなら}ずしも体^{からだ}に悪^{わる}いとは限^{かぎ}りません。

인스턴트 식품이 반드시 몸에 해롭다고는 할 수 없습니다.

❷ お金持^{かねも}ちがみんな幸^{しあわ}せとは限^{かぎ}らない。

부자가 다 행복하다고는 할 수 없다.

❸ 目^めの前^{まえ}に見^みえているものが、すべてとは限^{かぎ}らないよ。

눈앞에 보이는 것이 전부라고는 할 수 없지.

❹ この世^よの中^{なか}、必^{かなら}ずしも正義^{せいぎ}が勝^かつとは限^{かぎ}らない。

이 세상, 반드시 정의가 이긴다고는 할 수 없다.

❺ 日本人^{にほんじん}だからと言^いって、誰^{だれ}でも敬語^{けいご}が上手^{じょうず}に使^{つか}えるとは限^{かぎ}らない。

일본인이라고 해서 누구나 경어를 잘 구사할 수 있다고는 할 수 없다.

▶ **낱말과 표현**

インスタント食品^{しょくひん} 인스턴트 식품 | 必^{かなら}ずしも 결코, 반드시 | 体^{からだ}に悪^{わる}い 몸에 해롭다 | 世^よの中^{なか} 세상 | 正義^{せいぎ} 정의 | 敬語^{けいご} 경어

02 〜がちだ 〜하는 경향이 있다

» 【동사 ます형】＋がちだ

» 【명사】＋がちだ

| 예문 |

❶ 趣味に没頭すると、家族のことは後回しになりがちです。

취미에 몰두하면 가족의 일은 뒷전으로 미루게 되기 십상입니다.

❷ 初心者にありがちなミスについては、このマニュアルに全部書いてあるよ。

초보자에게 있을 법한 실수에 대해서는 이 설명서에 다 나와 있어.

❸ 就職して忙しくなると、夢や目標を忘れがちになります。

취직하고 바빠지면 꿈이나 목표를 잊게 되기 마련입니다.

❹ 家を決めるときに見落としがちなのが駐車場です。

집을 정할 때 툭하면 놓쳐 버리는 것이 주차장입니다.

❺ 私は幼い頃から病気がちで、入退院を繰り返していました。

나는 어릴 때부터 자주 아파서 입퇴원을 반복했었습니다.

▶ **낱말과 표현**

没頭する 몰두하다 | 後回しにする 뒷전으로 미루다 | 初心者 초보자 | マニュアル 매뉴얼, 설명서 |
見落とす (못 보고) 놓치다, 빠뜨리다 | 幼い 어리다 | 入退院 입퇴원 | 繰り返す 반복하다

03 ~どころではない ~할 상황이 아니다, ~할 여유는 없다

》 【동사 기본형】+ どころではない

》 【명사】+ どころではない

| 예문 |

❶ 祖母が危篤だという連絡が入って、デートどころではな
くなった。

할머니가 위독하다는 연락이 들어와 데이트할 상황이 아니게 되었다.

❷ サッカーのワールドカップが始まって、連日仕事どころ
ではない。

축구 월드컵이 시작되어 연일 일할 상황이 아니다.

❸ 急がなきゃ間に合わないって。ここでおしゃべりしてる
どころじゃないよ。

서두르지 않으면 제시간에 도착 못한다고. 여기서 수다 떨고 있을 여유는 없어.

❹ ひらがなもろくに読めないのに、日本語能力試験を受け
るどころじゃないよ。

히라가나도 제대로 읽을 수 없는데 일본어능력시험을 칠 상황이 아니야.

❺ A 就職活動はうまく行っていますか。

취업 준비는 잘돼 가?

B 父が病気で倒れて、それどころじゃないんです。

아버지가 병으로 쓰러져서 그럴 상황이 아니거든요.

Tip

가리키는 동사나 명사가 분명할 때, 예문 ⑤처럼 'それ'로 대체하는 경우도 많습니다.

▶ **낱말과 표현**

危篤だ 위독하다 | ワールドカップ 월드컵 | 連日 연일 | 間に合う 늦지 않게 도착하다 | おしゃべりする 수다 떨다 |
ろくに 제대로 | 就職活動 취직 활동, 취업 준비 | うまく行く 잘되다, 잘되어 가다 | 倒れる 쓰러지다

▶ 아래 예와 같이 문장을 완성해 봅시다.

예)

좋은 것

高_{たか}いものが必_{かなら}ずしもいい物_{もの}とは限_{かぎ}りません。

비싼 것이 반드시 좋은 것이라고는 할 수 없습니다.

❶

좋아하다

日本人_{にほんじん}だからと言_いって、

みんな納豆_{なっとう}が＿＿＿＿＿＿＿＿＿＿とは限_{かぎ}らない。

❷

옳다

先生_{せんせい}の答_{こた}えが、

いつも＿＿＿＿＿＿＿＿＿＿とは限_{かぎ}りません。

❸

통하다

言葉_{ことば}が通_{つう}じるからと言_いって、

心_{こころ}も＿＿＿＿＿＿＿＿＿＿とは限_{かぎ}らない。

❹

오래 살지 못하다

持病_{じびょう}のある人_{ひと}が、

必_{かなら}ずしも＿＿＿＿＿＿＿＿＿＿とは限_{かぎ}りません。

▶ 낱말과 표현

答_{こた}え 답 ｜ 正_{ただ}しい 옳다 ｜ 通_{つう}じる 통하다 ｜ 持病_{じびょう} 지병 ｜ 長生_{ながい}きする 오래 살다

▶ 아래 예와 같이 문장을 완성해 봅시다.

예)

彼女は体が弱いので、学校を<u>休みがち</u>です。

그녀는 몸이 약해서 자주 학교를 쉽니다.

❶ 現代人の食生活ではビタミンが_____です。

❷ 親は何かにつけて、自分の子供を
よその子供と_____です。

❸ 彼は_____な性格なので、
なかなか自分から発言しようとはしません。

❹ 日本人は真面目な人が多いって_____だけど、
案外そうでもないですよ。

❺ 家に_____な子供のお宅を訪問し、
相談などをするのが私の仕事です。

（休む）　比べる　引きこもる　不足する
思われる　遠慮

▶ **낱말과 표현**

現代人 현대인 │ 食生活 식생활 │ ビタミン 비타민 │ 何かにつけて 걸핏하면, 무슨 일이 있을 때마다 │ よそ 남, 남의 집 │
なかなか 좀처럼 │ 発言 발언 │ 真面目だ 부지런하다, 진지하다 │ 案外 의외로, 생각보다 │ お宅 댁 │ 訪問 방문 │ 相談
상담 │ 比べる 비하다, 비교하다 │ 引きこもる 틀어박히다 │ 不足する 모자라다 │ 遠慮がちだ 조심스럽다, 소극적이다

▶ 아래 예를 참고하여 문장을 완성해 봅시다.

예)

第一志望の大学に絶対に合格したいので、今は恋どころではあり
ません。

제1지망 대학에 반드시 합격하고 싶기 때문에 지금은 연애할 상황이 아닙니다.

❶ 大好きな高橋先生に見つめられたら、

もう＿＿＿＿＿＿＿＿じゃないよ。

❷ 今は不景気ですから、仕事を＿＿＿＿＿＿＿＿じゃありません。

何でもやりますよ。

❸ 北海道旅行に行ったが、

大雪のせいで＿＿＿＿＿＿＿＿ではなかった。

❹ 趣味もやりたいが、毎日子供の世話に追われて、

＿＿＿＿＿＿＿＿じゃない。

❺ 今は人の面倒を＿＿＿＿＿＿＿＿じゃないよ。

自分のことで精一杯なんだ。

見る	選ぶ	それ	恋	観光	授業

▶ 낱말과 표현

第一志望 제1지망 │ 見つめる 쳐다보다 │ 不景気 불경기 │ 大雪 폭설 │ 世話 돌봄, 보살핌 │ 追われる 쫓기다 │
面倒を見る 돌봐 주다, 도와주다 │ 精一杯 힘껏, 벅참 │ 選ぶ 고르다 │ 観光 관광

114

▶ 주어진 질문에 예와 같이 대답해 봅시다.

① 韓国人／日本人だからと言って、必ずしも〇〇とは限らないと思うこ
とはありますか。

예) はい、日本人だからと言って、必ずしも漢字が読めるとは限らない
と思います。

_____

② 最近何か忘れがちなことがありますか。

예) はい、忙しくて昼ごはんの約束を忘れがちです。

_____

③ 最近、〇〇どころではないことはありますか。

예) はい、専攻の課題が多くて、日本語の勉強どころではありません。

_____

▶ 낱말과 표현

必ずしも＋부정형 반드시 ～인 것은 아니다 ｜ 専攻 전공 ｜ 課題 과제

太る原因は「食べ過ぎ」とは限らない？

世の中の人々は、やせていることが「善」で、太っていることを「悪」だと感じがちだ。体重を気にして食事制限をしている人も少なくないだろう。しかし、食べ物のカロリーを調べたり、糖分を控えたり、そんなことばかりしていては食事を楽しむどころではなくなる。

芸能人やモデルたちが必ずしもダイエットの成功者とは限らないということは、あまり知られていない事実である。そもそもストレスの多い芸能界で生きていくには十分な食事が必要不可欠で、実際は食事制限どころではない。

さらに、ここで衝撃的な事実を伝えよう。一般的に食べるから太ると考えられがちだが、実は太る原因は「食べ過ぎ」とは限らない。権威ある研究雑誌の論文によると、人が太る最も大きな要因は「遺伝」にあるという。つまり、太るか太らないかは努力の範疇を超えた、どうしようもないことなのだ。こう考えると、食事制限はもうやめたほうがいいのかもしれない。

▶ 낱말과 표현

太る 살찌다 | 原因 원인 | 世の中 세상 | 善 선 | 悪 악 | 体重 몸무게 | 〜を気にする 〜에 신경 쓰다 |
食事制限 식사제한 | カロリー 칼로리 | 糖分 당분 | 控える 자제하다 | 楽しむ 즐기다 | 芸能人 예능인 |
成功者 성공자 | 事実 사실 | そもそも 애초(에) | ストレス 스트레스 | 芸能界 연예계 | 十分だ 충분하다 |
必要不可欠だ 필수불가결하다 | 実際 실제 | さらに 나아가, 더욱이 | 衝撃的 충격적 | 一般的 일반적 | 権威 권위 |
研究 연구 | 論文 논문 | 最も 가장 | 要因 요인 | 遺伝 유전 | 範疇 범주 | 超える 넘다 |

どうしようもない 어찌할 수도 없다

▶ [읽기 연습]을 참고하여 흔히 알려져 있는 상식과 반대되는 사실에 대해 써 봅시다.

問題1 次の文の（　　　）に入れるのに最もよいものを、①・②・③・④から一つ選びなさい。

1 努力すれば誰_{だれ}でも（　　　）とは限らない。

① 成功　　　　② 成功する　　　③ 成功しろ　　　④ 成功しよう

2 派手_{はで}な服を着ていると、不真面目_{ふまじめ}な人だと（　　　）です。

① 思われげ　　② 思われぎみ　　③ 思われがち　　④ 思われっぽい

3 急に会社でトラブルが生_{しょう}じて、家族旅行（　　　）ではなくなった。

① ほど　　　　② のまま　　　　③ ばかり　　　　④ どころ

問題2 次の言葉の使い方として最もよいものを、①・②・③・④から一つ選びなさい。

4 必ずしも

① 明日の試合は必ずしも勝ちたい。

② 必ずしも今度いっしょに食事に行きましょう。

③ 平均値_{へいきんち}は必ずしも真_まん中_{なか}の数値_{すうち}ではない。

④ あの人のことは必ずしも許_{ゆる}さないつもりだ。

問題3 次の文の ★ に入る最もよいものを、①・②・③・④から一つ選びなさい。

5 A 「昨日のパーティーはいかがでしたか。楽しめましたか。」

B 「取引先（とりひきさき）の人がたくさんいらっしゃったので、＿＿＿＿ ＿＿＿＿

＿★＿ ＿＿＿＿ んですよ。」

① では ② どころ ③ なかった ④ 楽しむ

✏️ 가타카나를 써 보자!

キログラム kg, 킬로그램	キログラム	
センチメートル cm, 센티미터	センチメートル	
ミリリットル ml, 밀리리터	ミリリットル	
カロリー cal, 칼로리	カロリー	
メガバイト MB, 메가바이트	メガバイト	

✏️ 한자를 써 보자!

しんちょう **身長** 신장, 키	身長		
たいじゅう **体重** 체중, 몸무게	体重		
そくてい **測定** 측정	測定		
きじゅんち **基準値** 기준치	基準値		
ひまん **肥満** 비만	肥満		

卒業に向けて
頑張らなくちゃ。

졸업을 목표로 열심히 해야지.

point

01 ～に向けて ～을 목표로, ～을 향해

02 ～をはじめ(として) ～을 비롯해

03 ～さえ～ば ～만 ～하면

Track 6-09-01

小松 期末テストの勉強？精が出るね。

羅 うん、卒業に向けて、あと少し、頑張らなくちゃね。

小松 私も韓国語能力試験に向けて、頑張らなきゃ。

羅 そういえば、今度の試験に合格さえすれば、
いくらでも就職できるって言ってたよね。

小松 いくらでもってわけじゃないけど、
航空会社をはじめとして、旅行・観光関連企業にエン
トリーするための最低ラインの資格にはなるよ。

羅 そっか。私も卒業しさえすれば、
いくらでも就職できる！なんて言ってみたいけど、
現実はそんなに甘くないんだよね。

▶ **낱말과 표현**

精が出る 열심히 하다, 일에 힘쓰다 ｜ いくらでも 얼마든지 ｜ 航空 항공 ｜ 関連 관련 ｜ 企業 기업 ｜ エントリー 지원 ｜
最低ライン 하한선 ｜ 資格 자격 ｜ 現実 현실 ｜ 甘くない 만만치 않다

학습 포인트 .... Grammar

01　～に向けて　～을 목표로, ～을 향해

» 【명사】＋ に向けて

| 예문 |

❶ コンテストに向けて毎日練習しています。

경연대회를 목표로 매일 연습하고 있습니다.

❷ 犯人の逮捕に向けて、警察が動き出した。

범인 체포를 목표로 경찰이 움직이기 시작했다.

❸ 完治に向けて、毎日リハビリを頑張ろう！

완치를 목표로 매일 재활치료를 열심히 하자!

❹ 気持ちを切り替えて、次の試合に向けて作戦を練ろう。

새로 마음을 먹고 다음 시합을 향해 작전을 짜자.

Tip

방향을 가리킬 때도 쓰지만, 단순히 가는 방향을 가리킬 때는 '～に向かって'를 자주 사용합니다. 이에 비해 '～に向けて'는 어떤 목표물에 조준을 맞추어 거기에 무엇인가 보내거나 던지는 느낌으로 사용됩니다.

名古屋に向かって車を走らせている。

나고야를 향해 차를 몰고 있다.

議員候補者が国民に向けて政策を訴えている。

의원 후보자가 국민을 향해 정책을 호소하고 있다.

▶ **낱말과 표현**

コンテスト 경연대회 ｜ 犯人 범인 ｜ 逮捕 체포 ｜ 警察 경찰 ｜ ます형＋出す ～하기 시작하다 ｜ 完治 완치 ｜
リハビリ 재활치료 ｜ 切り替える 전환하다, 새로 바꾸다 ｜ 作戦を練る 작전을 짜다 ｜ 車を走らせる 차를 몰다 ｜
議員 의원 ｜ 候補者 후보자 ｜ 国民 국민 ｜ 政策 정책 ｜ 訴える 호소하다

학습 포인트

02 ~をはじめ(として) ~을 비롯해

>> 【명사】+をはじめ(として)

| 예문 |

❶ 彼は英語をはじめとして、ドイツ語、フランス語、ロシア語など、7ヶ国語が話せるらしい。

그는 영어를 비롯해서 독일어, 프랑스어, 러시아어 등 7개 국어를 말할 수 있다고 한다.

❷ 環境問題をはじめとして、地球は様々な問題を抱えています。

환경 문제를 비롯해서 지구는 다양한 문제를 안고 있습니다.

❸ バナナには炭水化物をはじめ、体に必要な栄養素が豊富に含まれています。

바나나에는 탄수화물을 비롯해 몸에 필요한 영양소가 풍부하게 포함되어 있습니다.

❹ 日本とイギリスは、島国であることをはじめ、他にも多くの共通点がある。

일본과 영국은 섬나라인 것을 비롯해 그 외에도 많은 공통점이 있다.

❺ 気候の暖かい沖縄では、パイナップルをはじめ、マンゴーやパパイヤなど、いろいろな果物が栽培されている。

기후가 따뜻한 오키나와에서는 파인애플을 비롯해 망고, 파파야 등 많은 과일이 재배되고 있다.

▶ **낱말과 표현**

ドイツ 독일 | ~ヶ国語 ~개 국어 | 環境 환경 | 様々だ 다양하다 | 抱える 껴안다, (문제를) 안다 |
炭水化物 탄수화물 | 栄養素 영양소 | 豊富だ 풍부하다 | 含む 포함하다 | イギリス 영국 | 島国 섬나라 |
多くの 많은 | 共通点 공통점 | 気候 기후 | 栽培 재배

124

03 　～さえ～ば ～만 ～하면

» 【동사 ます형】+さえ

» 【い형용사 어간】+くさえ

» 【な형용사 어간】+でさえ

» 【명사】+さえ

Tip

동사 て형이나 여러 조사 등 접속 형태가 매우 다양하므로 여기서는 비교적 단순하고 사용빈도가 높은 형태를 제시합니다.

Tip

'동사+さえ'인 경우 '～ば' 부분은 'すれば'를 사용하며, '형용사+さえ'인 경우 '～ば' 부분은 'いれば', 'あれば', 'なければ' 등을 사용합니다.

| 예문 |

❶ この仕事さえ終われば、家に帰れます。

이 일만 끝나면 집에 갈 수 있습니다.

❷ 暇さえあればゲームをしている。

틈만 나면 게임을 하고 있다.

❸ 頑張りさえすれば、うまく行くわけではない。

열심히 하기만 하면 잘되는 것은 아니다.

❹ 味はおいしいよ。辛くさえなければ、もっと食べたいけど、もう限界。

맛은 괜찮아. 맵지만 않으면 더 먹고 싶은데 이제 한계야.

❺ 遠くで暮らす子供たちのことが心配だが、元気でさえいてくれれば、それでいい。

멀리서 사는 아이들이 걱정이지만 건강하게 잘 지내기만 하면 그것으로 충분하다.

▶ **낱말과 표현**

暇 틈, (여유) 시간 | うまく行く 잘되다 | 限界 한계 | ～で暮らす ～에서 살다, 생활하다

▶ 아래 예를 참고하여 문장을 완성해 봅시다.

예)

来週_{らいしゅう}から始_{はじ}まる期末_{きまつ}<u>テストに向_むけて</u>、図書館_{としょかん}で勉強中_{べんきょうちゅう}です。

다음 주부터 시작될 기말고사를 목표로 도서관에서 공부 중입니다.

❶ 彼_{かれ}はまだ、夢_{ゆめ}の＿＿＿＿＿＿＿＿＿＿、一歩踏_{いっぽふ}み出_だしたばかりだ。

❷ 3ヶ月後_{かげつご}のマラソン＿＿＿＿＿＿＿＿＿＿、
最近少_{さいきんすこ}しずつ走_{はし}り始_{はじ}めました。

❸ 新商品_{しんしょうひん}の＿＿＿＿＿＿＿＿＿＿、資料_{しりょう}を作_{つく}っています。

❹ オリンピックの＿＿＿＿＿＿＿＿＿＿、
国_{くに}レベルでの準備_{じゅんび}が進_{すす}められている。

❺ 様々_{さまざま}な社会問題_{しゃかいもんだい}の＿＿＿＿＿＿＿＿＿＿、
身近_{みぢか}なことから取_とり組_くむ必要_{ひつよう}がある。

実現_{じつげん}　成功_{せいこう}　大会_{たいかい}　解決_{かいけつ}　テスト　プレゼン

▶ **낱말과 표현**

一歩_{いっぽ} 한 발짝, 한 걸음 │ 踏_ふみ出_だす 내디디다 │ マラソン 마라톤 │ ます형＋始_{はじ}める ~하기 시작하다 │ 新商品_{しんしょうひん} 신상품 │
資料_{しりょう} 자료 │ オリンピック 올림픽 │ 国_{くに}レベル 국가 차원 │ 進_{すす}める 진행하다 │ 身近_{みぢか}だ 비근하다, 일상적이다 │
取_とり組_くむ 힘쓰다, 착수하다 │ 実現_{じつげん} 실현 │ 成功_{せいこう} 성공 │ 解決_{かいけつ} 해결 │ プレゼン 프레젠테이션(プレゼンテーション)의 준말

▶ 아래 예를 참고하여 문장을 완성해 봅시다.

예)

うちの家族は、元サッカー選手の父をはじめとして、
みんなスポーツが大好きです。

우리 가족은 전 축구선수인 아버지를 비롯해서 모두 스포츠를 매우 좋아합니다.

❶ 韓国語と日本語は＿＿＿＿＿＿＿＿として、
  似ている点が多く見られます。

❷ この店は、＿＿＿＿＿＿＿＿として、
  店員たちがみんな明るくて親切です。

❸ この薬は、のどの＿＿＿＿＿＿＿＿、せきや鼻水など、
  風邪の諸症状に効き目がある。

❹ 当社は、＿＿＿＿＿＿＿＿、
  様々な加工食品を製造・販売しております。

❺ 一口に医者といっても、＿＿＿＿＿＿＿＿、
  外科、精神科、産婦人科などいろいろな専門分野がある。

店長   語順   内科   （父）   お菓子   痛み

▶ 낱말과 표현

元 전 ｜ 似ている 닮았다, 닮은 ｜ のど 목구멍, 인후 ｜ せき 기침 ｜ 鼻水 콧물 ｜ 諸症状 여러 증상 ｜ 効き目 효과, 효능 ｜
当社 당사, 우리 회사 ｜ 加工食品 가공 식품 ｜ 製造 제조 ｜ 販売 판매 ｜ 一口に 한마디로 ｜ 外科 외과 ｜ 精神科 정신과 ｜
産婦人科 산부인과 ｜ 専門分野 전문 분야 ｜ 店長 점장(님) ｜ 語順 어순 ｜ 内科 내과 ｜ お菓子 과자 ｜ 痛み 통증

▶ 아래 예와 같이 문장을 완성해 봅시다.

예)

돈

お<ruby>金<rt>かね</rt></ruby>さえあれば、<ruby>何<rt>なん</rt></ruby>だってできるよ。

돈만 있으면 뭐든지 할 수 있어.

❶

한자

_____<ruby>読<rt>よ</rt></ruby>めるようになれば、

<ruby>日本語<rt>に ほん ご</rt></ruby>の<ruby>勉強<rt>べんきょう</rt></ruby>がもっと<ruby>楽<rt>らく</rt></ruby>になると<ruby>思<rt>おも</rt></ruby>う。

❷

넘어지다

<ruby>帰<rt>かえ</rt></ruby>りに_____しなければ、

<ruby>今日<rt>きょう</rt></ruby>は<ruby>本当<rt>ほんとう</rt></ruby>にいい<ruby>一日<rt>いちにち</rt></ruby>だったのに。

❸

멀다

<ruby>駅<rt>えき</rt></ruby>から_____なければ、

<ruby>多少古<rt>た しょうふる</rt></ruby>いアパートでもかまいません。

❹

좋아하다

うちのサークルは、<ruby>歌<rt>うた</rt></ruby>が_____

あれば、<ruby>誰<rt>だれ</rt></ruby>でも<ruby>大歓迎<rt>だいかんげい</rt></ruby>だよ。

▶ **낱말과 표현**

<ruby>転<rt>ころ</rt></ruby>ぶ 넘어지다 │ <ruby>遠<rt>とお</rt></ruby>い 멀다 │ <ruby>多少<rt>た しょう</rt></ruby> 다소 │ <ruby>古<rt>ふる</rt></ruby>い 낡다, 오래되다 │ **アパート** 일본식 아파트(세대수가 적은 2층짜리 연립주택) │
サークル 동아리 │ <ruby>**大歓迎**<rt>だいかんげい</rt></ruby> 대환영

▶ 주어진 질문에 예와 같이 대답해 봅시다.

① 今、何に向けて頑張っていますか。

예) 期末テストに向けて頑張っています。

_____

② 学校／職場には主にどんな学科／部署がありますか。

예) デザイン部をはじめとして、製造部、販売部などいろいろな部署が
あります。

_____

③ 住んでいる地域には主にどんな観光名所がありますか。

예) 東大門市場をはじめとして、たくさんの観光名所があります。

_____

④ 何さえあれば頑張れますか。

예) 愛さえあれば頑張れます。

_____

▶ 낱말과 표현

主に 주로 │ 学科 학과 │ 部署 부서 │ 製造部 제조부 │ 販売部 판매부 │ 地域 지역 │ 観光名所 관광 명소

運転免許取得に向けて

もうすぐ大学最後の夏休みだ。社会人になったらこれほど長い休みはなかなか取れないだろう。この夏が学生の間に運転免許を取る最後のチャンスになるかもしれない。夏休みに入ったら、自動車教習所に通って、運転免許取得に向けて、毎日練習と勉強に励むつもりだ。

免許さえあれば、恋人とのドライブをはじめ、今までしたかったことがたくさんできる。家族や友達を連れて、大型車で旅行にも出かけてみたい。できるアルバイトの幅も広がるし、何より足の悪い母の送り迎えをしてあげることができる。

あ、でも免許があっても車がないと意味ないな。免許が取れたら、今度は車購入に向けて、アルバイトをしてお金を貯めなければ。え？でもそんな時間あるかな？進路についてもそろそろ考えないといけないし。ああ、時間さえあれば、いろんなことができるのに。あと、2年は大学生でいたいなあ。

▶ 낱말과 표현

取得 취득 | **最後** 최후, 마지막 | **社会人** 사회인 | **休みを取る** 휴가를 받다 | **免許を取る** 면허를 따다 |
チャンス 기회, 찬스 | **自動車教習所** 자동차 운전 학원 | **励む** 힘쓰다 | **連れる** 데리다 | **大型車** 대형차 |
幅が広がる 폭이 넓어지다 | **何より** 무엇보다 | **足が悪い** 다리가 불편하다 | **送り迎え** 송영, 데려다주고 데리고 옴 |
購入 구입 | **お金を貯める** 돈을 모으다, 저금하다 | **進路** 진로 | **そろそろ** 이제 슬슬

▶ [읽기 연습]을 참고하여 목표로 하는 일이나 취득하고 싶은 것에 대해 써 봅시다.

問題1 **次の文の（　　　　）に入れるのに最もよいものを、①・②・③・④から一つ選びなさい。**

1 時間（　　　　）全部わかるんですけど、ちょっと時間が足りませんでした。

① すらないと　　② すらなければ　　③ さえあると　　④ さえあれば

2 来月の試合（　　　　）毎日練習しています。

① に向けて　　② に対して　　③ において　　④ に従って

3 彼女は英語を（　　　　）、ドイツ語、フランス語など、7ヶ国語が話せるらしい。

① はじめて　　　　　　　　② はじめてから

③ はじめとして　　　　　　④ はじめたところで

問題2 **＿＿＿＿＿の言葉に意味が最も近いものを、①・②・③・④から一つ選びなさい。**

4 こちらのテナントには、さまざまな店が入っています。

① 新しい　　② 変わった　　③ いろいろな　　④ たくさんの

問題3 **次の文の＿★＿に入る最もよいものを、①・②・③・④から一つ選びなさい。**

5 この ＿＿＿＿ ＿＿＿＿ ＿★＿ ＿＿＿＿ 、ほかの多くの問題も解決できると思う。

① 解決　　② さえ　　③ すれば　　④問題

일본 문화 탐방

▶ 孤食問題 고식 문제

여러분은 혼밥을 즐기는 편인가요? 일본에는 혼밥을 즐기는 사람들이 비교적 많습니다. 밥집이나 레스토랑에 가도 카운터 석이 많은 데다가, 여러 명이 모여서 먹는 샤브샤브나 야키니쿠(고기구이) 등도 요즘은 혼자 먹을 수 있게 1인 전용석을 마련해둔 가게가 많습니다. 자신이 먹고 싶은 음식을 자유롭게 골라 먹을 수 있는 환경이 잘 갖추어져 있다고 말할 수 있죠.

편의점이나 슈퍼마켓에서 파는 도시락과 반찬 종류도 다양하기 때문에 저렴한 가격으로 간단하게 끼니를 해결할 수 있습니다. 인간관계에 소홀해진 현대 사회에서 누군가와 같이 밥을 먹어야 한다는 심리적 압박감으로부터 해방된다는 점에서 대단히 편안한 상황이라고 할 수 있겠습니다.

그런데 최근 혼밥에 대한 부정적인 인식이 생겼습니다. 바로 '孤食(고식)' 문제로, 젊은이들은 속되게 'ぼっち飯(외톨이 밥)'라고 부르기도 합니다. '孤食'에는 혼자 외롭게 밥을 먹는다는 비애감이 담겨 있습니다. 다양한 요인이 복합적으로 얽힌 문제인데, 이미 정착된 핵가족 사회에서 생애미혼율이 올라가면서 1인 가구가 늘어났다는 점을 큰 원인으로 들 수 있습니다. 노인의 '孤食'도 문제시되고 있는데, 이것 역시 황혼이혼의 증가나 독신자들의 노령화 등으로 인해 독거노인이 늘어난 것이 원인이라고 합니다.

'孤食'가 습관화되면 편식하거나 부실하게 먹는 일이 잦아지는데, 이렇게 되면 영양 섭취에 문제가 생겨 심각한 병을 초래할 수도 있습니다. 식사 중에 대화를 나눌 사람이 없으면 자율신경에 문제가 생겨 우울증의 원인이 될 수도 있다고 합니다.

혼자 밥을 먹는 것은 선택의 자유이지만 '孤食'는 건강을 해칠 수도 있기에 주의가 필요합니다. 같이 먹을 사람이 없다면 인터넷을 활용해 채팅이나 영상통화를 하면서 먹는 것도 해결책이 될지 모릅니다. 앞으로 즐거움이 가득한 혼밥 문화가 이어지면 좋겠습니다.

✏️ 가타카나를 써 보자!

バナナ 바나나	バナナ	
オレンジ 오렌지	オレンジ	
メロン 멜론	メロン	
ブルーベリー 블루베리	ブルーベリー	
マンゴー 망고	マンゴー	

✏️ 한자를 써 보자!

じ どう しゃ 自動車 자동차	自動車		
うん てん 運転 운전	運転		
めん きょ 免許 면허	免許		
しゅ とく 取得 취득	取得		
こう しん 更新 갱신	更新		

本当の愛とは
何でしょうか。
ほんとう　あい
なん

진정한 사랑이란 무엇일까요?

point

01 ～とは ～란

02 ～にもかかわらず ～에도 불구하고

03 ～につれて ～에 따라

辛　島田さん、ちょっとお聞きしてもよろしいでしょうか。

島田　あ、シン君、なになに？何でも聞いてよ。

辛　あの、本当の愛とは何でしょうか。

島田　え？急にどうしたの？もしかして失恋でもした？

辛　いえ、僕は25年も生きているにもかかわらず、
　　まだ本当の愛が何かわからないんです。

島田　いや、それは28年も生きてる私にだってわからないよ。
　　でも、年を取るにつれてだんだんわかってくるんじゃ
　　ないかな。

▶ **낱말과 표현**

失恋 실연 │ **年を取る** 나이를 먹다 │ **だんだん** 점점, 조금씩 │ **〜てくる** 〜해 오다, (점점) 〜하게 되다

01 ~とは ~란

» 【명사】+ とは

| 예문 |

❶ 幸せとは何でしょうか。

행복이란 무엇일까요?

❷ 通風とはどんな病気ですか。

통풍이란 어떤 병입니까?

❸ 「机上の空論」とは、頭の中だけで考えた、実際には使い物にならない理論や考えのことだ。

'탁상공론'이란 머릿속에서만 생각한, 실제로는 쓸모가 없는 이론이나 생각을 의미한다.

❹ 「KY」とは「空気が読めない」の略で、雰囲気を把握できない人を指す、昔の流行語です。

'KY'란 'KUUKIGA YOMENAI(공기를 읽을 수 없다 → 눈치가 없다)'의 약자이며, 분위기를 파악하지 못하는 사람을 가리키는 옛날 유행어입니다.

❺ 現代人に求められる職業的能力とはどのようなものだろうか。

현대인에게 요구되는 직업적 능력이란 어떤 것일까?

Tip

뜻밖의 일에 놀라움을 나타내는 용법으로도 쓰입니다. 이 경우 '~라니/다니', '~할 줄은', '~할 줄이야' 등으로 해석합니다.

たった1週間でN2に合格するとは、まったく驚いた。
불과 1주일만에 N2에 합격하다니 정말로 놀랐다.

Tip

회화체에서는 '~って'가 사용됩니다.
幸せって何? 행복이란 뭘까?

▶ 낱말과 표현

通風 통풍 | 机上の空論 탁상공론 | 使い物にならない 쓸모가 없다 | 理論 이론 | 空気が読めない 눈치가 없다 |
略 준말, 약자 | 雰囲気 분위기 | 把握 파악 | 指す 가리키다 | 流行語 유행어 | 現代人 현대인 | 求める 요구하다 |
職業的 직업적 | 能力 능력 | たった 겨우, 불과 | 驚く 놀라다

02 　〜にもかかわらず 〜에도 불구하고

» 【보통체】+ にもかかわらず

» 【명사】+ にもかかわらず (현재형)

» 【な형용사】+ であるにもかかわらず (현재형)

Tip

접속사처럼 사용할 경우도 있습니다.
問題は簡単でした。にもかかわらず、試験に落ちてしまいました。
문제는 쉬웠습니다. 그럼에도 불구하고 시험에 떨어져 버렸습니다.

| 예문 |

❶ 気温が氷点下という悪条件にもかかわらず、新記録を樹立した。

기온이 영하라는 악조건에도 불구하고 신기록을 수립했다.

❷ 友達は家が学校から近いにもかかわらず、いつも遅刻しています。

친구는 집이 학교에서 가까운데도 불구하고 맨날 지각합니다.

❸ 校則で禁止されているにもかかわらず、うちの娘は学校にスマホを持っていきます。

교칙으로 금지되어 있는데도 불구하고 우리 딸은 학교에 스마트폰을 들고 갑니다.

❹ この本は世界的に有名であるにもかかわらず、まだ日本語に翻訳されていない。

이 책은 세계적으로 유명한데도 불구하고 아직 일본어로 번역되지 않았다.

▶ **낱말과 표현**

氷点下 빙점하, 영하 | 悪条件 악조건 | 新記録 신기록 | 樹立 수립 | 校則 교칙, 학칙 | 禁止 금지 |
スマホ 스마트폰(スマートフォン)의 준말 | 翻訳 번역

❺ なんでだろう。何も言っていないにもかかわらず、思っ
ていることがすぐにばれてしまう。

왜 그럴까? 아무 말을 하지 않았는데도 불구하고 생각하고 있는 것을 금방
들켜 버린다.

❻ 家族全員がインフルエンザにかかったにもかかわらず、
なぜか私だけはかからなかった。

가족 모두가 독감에 걸렸는데도 불구하고 웬일인지 나만은 걸리지 않았다.

▶ **낱말과 표현**

〜がばれる 〜을 들키다 │ **インフルエンザにかかる** 독감에 걸리다

03 ~につれて ~에 따라

» 【동사 ます형】+ につれて

» 【명사】+ につれて

Tip

'A에 따라 B' 형태로 A의 변화가 B의 변화도 수반함을 나타냅니다. 이때 B의 변화를 '~になる/~くなる'나 '~てくる'로 표현하는 경우가 많습니다.

Tip

거의 같은 뜻으로 '~に従って'도 사용할 수 있습니다.

| 예문 |

❶ 年を取るにつれて、顔にしわが増えてきた。

나이를 먹음에 따라 얼굴에 주름이 늘게 되었다.

❷ 夏が近づくにつれて、人々の服装も軽くなってきた。

여름이 다가옴에 따라 사람들의 복장도 가벼워졌다.

❸ 月日が経つにつれて、昔の記憶も曖昧になってくる。

세월이 지남에 따라 옛날 기억도 애매해진다.

❹ 失業率の低下につれて、犯罪発生率も下がるようです。

실업률 저하에 따라 범죄 발생률도 낮아지는 것 같다.

❺ 医学の進歩につれて、今後は倫理的問題に対応を迫られることも多くなるだろう。

의학의 진보에 따라 앞으로는 윤리적 문제에 대한 대응이 요구되는 일도 많아질 것이다.

▶ 낱말과 표현

しわ 주름 | 増える 늘다 | 近づく 다가가다, 가까워지다 | 服装 복장 | 月日 세월 | 経つ 지나다 | 記憶 기억 | 曖昧だ 애매하다 | 失業率 실업률 | 低下 저하 | 犯罪 범죄 | 発生率 발생률 | 下がる 내려가다, 낮아지다 | 進歩 진보 | 倫理的 윤리적 | 対応 대응 | 迫られる 강요당하다, 요구되다

▶ 아래 예와 같이 문장을 완성해 봅시다.

예)

パソコン

<u>パソコンとは</u>パーソナル・コンピュータの略（りゃく）で、
個人用（こじんよう）のコンピュータのことです。

パソコン이란 퍼스널 컴퓨터의 준말이며, 개인용 컴퓨터를 말합니다.

❶

食（しょく）パン

＿＿＿＿＿＿＿＿＿＿＿主食用（しゅしょくよう）パンの略（りゃく）で、
韓国語（かんこくご）でも식빵ですね。

❷

チューハイ

＿＿＿＿＿＿＿＿＿＿＿焼酎（しょうちゅう）ハイボールの略（りゃく）で、
焼酎を炭酸（たんさん）で割（わ）ったものです。

❸

カラオケ

＿＿＿＿＿＿＿＿＿＿＿空（から）オーケストラの略（りゃく）で、
歌（うた）の入（はい）っていない楽曲（がっきょく）を意味（いみ）します。

❹

シャーペン

＿＿＿＿＿＿＿＿＿＿＿シャープペンシルの略（りゃく）です
が、韓国語（かんこくご）では샤프と言（い）いますね。

▶ **낱말과 표현**

パーソナル 퍼스널 ｜ 個人用（こじんよう）개인용 ｜ 食（しょく）パン 식빵 ｜ 主食（しゅしょく）주식 ｜ チューハイ 츄하이 ｜ 焼酎（しょうちゅう）소주 ｜

ハイボール 하이볼 ｜ 炭酸（たんさん）탄산 ｜ 割（わ）る (음료를) 섞다 ｜ カラオケ 가라오케 ｜ 空（から）비었음, 공 ｜

オーケストラ 오케스트라 ｜ 楽曲（がっきょく）악곡 ｜ シャーペン 샤프 ｜ シャープペンシル 샤프 펜슬

▶ 아래 예와 같이 문장을 완성해 봅시다.

예)

| 고열 | 彼は<ruby>高熱<rt>こうねつ</rt></ruby>にもかかわらず、<ruby>試合<rt>し あい</rt></ruby>に<ruby>出<rt>で</rt></ruby>ました。 |

❶ (비가) 내리고 있다

<ruby>雨<rt>あめ</rt></ruby>が_____、

<ruby>傘<rt>かさ</rt></ruby>もささずに<ruby>部屋<rt>へ や</rt></ruby>を<ruby>飛<rt>と</rt></ruby>び<ruby>出<rt>だ</rt></ruby>した。

❷ 평일

_____、

この<ruby>店<rt>みせ</rt></ruby>はお<ruby>客<rt>きゃく</rt></ruby>さんであふれている。

❸ 말렸다

その<ruby>子<rt>こ</rt></ruby>は<ruby>先生<rt>せんせい</rt></ruby>が_____、

N1の<ruby>受験申請<rt>じゅけんしんせい</rt></ruby>をした。

❹ 말할 수 없다

あの<ruby>子<rt>こ</rt></ruby>は<ruby>英語<rt>えい ご</rt></ruby>が_____、

アメリカ<ruby>人<rt>じん</rt></ruby>の<ruby>友人<rt>ゆうじん</rt></ruby>がたくさんいる。

▶ 낱말과 표현

<ruby>高熱<rt>こうねつ</rt></ruby> 고열 │ <ruby>雨<rt>あめ</rt></ruby>が<ruby>降<rt>ふ</rt></ruby>る 비가 내리다 │ <ruby>傘<rt>かさ</rt></ruby>をさす 우산을 쓰다 │ <ruby>飛<rt>と</rt></ruby>び<ruby>出<rt>だ</rt></ruby>す 뛰어나가다, 뛰어 나오다 │ <ruby>平日<rt>へいじつ</rt></ruby> 평일 │
あふれる 넘치다 │ <ruby>止<rt>と</rt></ruby>める 말리다, 막다 │ <ruby>受験<rt>じゅけん</rt></ruby> 수험 │ <ruby>申請<rt>しんせい</rt></ruby> 신청 │ しゃべる 말하다

▶ 아래 예를 참고하여 문장을 완성해 봅시다.

예)

台風が近づくにつれて、雨風がだんだん強くなってきた。

태풍이 다가옴에 따라 비바람이 점점 강해졌다.

❶ 子供は_____、
　だんだん親と口を利かなくなったりします。

❷ 環境の_____、
　生息する虫の種類も変わる。

❸ 高齢化社会が_____、
　徐々に様々な社会制度が整ってきた。

❹ 経済の_____、
　新たな社会問題も生まれてきている。

❺ 経験を_____、
　同僚からの信頼も得られるようになってきた。

進む　　積む　　近づく　　成長する　　変化　　発展

▶ **낱말과 표현**

台風 태풍 | 雨風 비바람 | 口を利く 말을 섞다 | 環境 환경 | 生息 서식 | 種類 종류 | 高齢化 고령화 | 徐々に 서서히 |
様々だ 다양하다 | 制度 제도 | 整う 정비되다, 갖추어지다 | 経済 경제 | 新たな 새로운 | 経験 경험 | 同僚 동료 |
信頼を得る 신뢰를 얻다 | 進む 진행되다 | 積む 쌓다 | 近づく 접근하다, 다가오다 | 成長する 성장하다 | 発展 발전

▶ 주어진 질문에 예와 같이 대답해 봅시다.

① 韓国の略語や流行語について教えてください。

예) 먹방とは'먹는 방송'の略で、食べているところを見せるネット放送の
ことです。

_____

② 何か周りの人に不満を感じることはありますか。

예) 母はお金がたくさんあるにもかかわらず、私に何も買ってくれません。

_____

③ 大きくなるにつれて／年を取るにつれて、変わってきたことがありま
すか。

예) 大きくなるにつれて、父と話をしなくなってきました。

_____

▶ 낱말과 표현

略語 약어, 준말 ｜ **流行語** 유행어 ｜ **ネット放送** 인터넷 방송 ｜ **不満** 불만

流行語（りゅうこうご）

Track 6-10-02

年（とし）を取（と）るにつれて、若（わか）い世代（せだい）の言葉（ことば）がわからなくなるというのは不思議（ふしぎ）なことではない。しかし私（わたし）はまだ20代前半（だいぜんはん）。にもかかわらず、中高生（ちゅうこうせい）の話（はな）す言葉（ことば）が理解（りかい）できないことがたまにある。そこで流行語（りゅうこうご）に興味（きょうみ）を持（も）った私（わたし）は、日本語（にほんご）の流行語（りゅうこうご）についても調（しら）べてみた。

まずは「ナウい」。「ナウい」とは、「今風（いまふう）」を意味（いみ）する1970年台（ねんだい）の若者言葉（わかものことば）で、英語（えいご）の「now」に由来（ゆらい）する形容詞（けいようし）だ。同（おな）じ時期（じき）に「かっこ悪（わる）い」という意味（み）の「ダサい」という言葉（ことば）も生（う）まれた。「ナウい」はすぐに死語（しご）になったにもかかわらず、「ダサい」は現在（げんざい）でもなお使（つか）われている。

また、最近（さいきん）よく使（つか）われる「KY」とは「空気（くうき）が読（よ）めない」の略（りゃく）で、その場（ば）の雰囲気（ふんいき）を把握（はあく）できず、状況（じょうきょう）に合（あ）った言動（げんどう）ができない人（ひと）を指（さ）す言葉（ことば）だ。この言葉（ことば）も時（とき）が経（た）つにつれてあまり使（つか）われなくなってきたが、最近（さいきん）はこのような「アルファベット略語（りゃくご）」が流行（はや）っていて、中（なか）でも「JK（女子高生（じょしこうせい））」はかなり定着（ていちゃく）している。面白（おもしろ）いのでこれからもっと調（しら）べてみようと思（おも）う。

▶ 낱말과 표현

世代（せだい） 세대 | 不思議（ふしぎ）だ 이상하다, 신기하다 | 前半（ぜんはん） 전반, 초반 | 中高生（ちゅうこうせい） 중고등학생 | たまに 가끔 | 今風（いまふう） 당세풍 |
～年台（ねんだい） ～년대 | 若者言葉（わかものことば） 젊은이 말 | ～に由来（ゆらい）する ～에서 유래하다 | 形容詞（けいようし） 형용사 | 時期（じき） 시기 |
ダサい 촌스럽다, 모양빠지다 | 死語（しご） 사어 | 現在（げんざい） 현재 | なお 여전히, 아직 | 場（ば） 자리, 공간 | 把握（はあく） 파악 | 状況（じょうきょう） 상황 |
合（あ）う 맞다, 어울리다 | 言動（げんどう） 언행 | 流行（はや）る 유행하다 | 女子高生（じょしこうせい） 여고생 | 定着（ていちゃく） 정착

▶ [읽기 연습]을 참고하여 일본어나 한국어의 유행어에 대해 써 봅시다.

問題1　**次の文の（　　　）に入れるのに最もよいものを、①・②・③・④から一つ選びなさい。**

1　人生（　　　）何なのか、考えれば考えるほど難しい。

① とは　　　　　② には　　　　　③ かも　　　　④ をも

2　ご多忙（　　　）、お越しくださりありがとうございます。

① かどうか　　　　　　　　② どころか

③ であらずとも　　　　　　④ にもかかわらず

3　建物は古くなるに（　　　）資産価値も下がってきます。

① とって　　　② つれて　　　③ かぎって　　④ もまして

問題2　**次の言葉の使い方として最もよいものを、①・②・③・④から一つ選びなさい。**

4　だんだん

① サイレンが鳴ったら、だんだん動いてください。

② 明日は休みなので、家でだんだんしようと思います。

③ 夜明けが近づき、空がだんだん明るくなってきた。

④ 時間がありませんから、だんだん始めましょう。

問題3　**次の文の　★　に入る最もよいものを、①・②・③・④から一つ選びなさい。**

5　人気タレントを一目 ＿＿＿＿ ＿＿＿＿ ★ ＿＿＿＿ 人が集まった。

① 大雨にも　　② 見ようと　　③ 多くの　　④ かかわらず

✎ 가타카나를 써 보자!

インフルエンザ 인플루엔자, 독감	インフルエンザ	
ウイルス 바이러스	ウイルス	
シーズン 시즌	シーズン	
ワクチン 백신	ワクチン	
タミフル 타미플루	タミフル	

✎ 한자를 써 보자!

流^{はや}行る 유행하다	流行る	
廃^{すた}れる (유행이) 사라지다	廃れる	
若^{わか}者^{もの}言^{こと}葉^ば 젊은이 말	若者言葉	
略^{りゃく}語^ご 약어	略語	
定^{てい}着^{ちゃく} 정착	定着	

부록

▶ 회화 및 읽기 연습 해석

▶ JLPT에 도전!! 정답

▶ 색인

▶ 참고 문헌

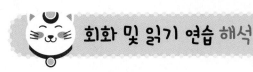
1과

▶ 회화

하라다 　아, 빵집이다. 케이크라도 사 갈까?

곽 　야야, 방에 먹다 만 케이크 남아 있다고 안 그랬어?

하라다 　아, 맞다. 그래도 그만큼 케이크를 먹고 싶다는 거지.

곽 　정말 잘 깜빡하네. 음, 그렇군. 이건 병의 우려가 있으십니다그려.

하라다 　뭐? 치매 걸렸다고 말하고 싶은 거야?

곽 　아닙니다. 심각한 '케이크 먹고 싶다 병'의 우려가 있으십니다.

▶ 읽기 연습

뿌이뿌이성인들

내 주변의 '뿌이뿌이(쉽게 ~하는 사람)'들을 소개하자.

쉽게 깜빡한다고 하면 우리 형이다. 단순히 건망증이 심한 것은 아니다. 뭔가를 하다가 만 채 내팽개치고 어딘가에 가 버리는 일이 자주 있다. 형의 방은 읽다 만 책, 마시다 남은 주스, 먹다 남은 빵, 만들다 만 프라모델 등으로 넘쳐난다.

쉽게 화낸다고 하면 우리 어머니다. 사소한 일로 금방 짜증을 내며 가족들에게 마구 화풀이한다. 정신과 의사인 삼촌이 말하기를, 이 성격을 고치지 않으면 가족보다도 본인이 스트레스 때문에 우울증 등의 질병을 앓을 우려가 있다고 한다. 이것은 진지하게 마주해야 할 문제일 수도 있다.

쉽게 반한다고 하면 친구 미카다. 조금이라도 한류 스타처럼 생긴 얼굴의 남성을 보게 되면 금방 반해 버린다. 항상 좋아하는 사람이 20명 정도는 있는 것 같다. 그리고 모두 현실적이지 않다. 이대로라면 평생 진정한 사랑을 못한 채 끝나 버릴 우려가 있다. 조금 걱정된다.

2과

▶ 회화

오노 　어, 가족사진? 보여줘 봐. 이분은 언닌가?

성 　아뇨, 이건 어머니예요.

오노 　저런, 어머니치고는 젊으시네. 일은 뭐 하셔?

성 　에스테티션(피부미용사)이거든요.

오노 　역시 미용 관련 일을 하고 계시는 만큼 예쁘시네.

성 　그래도 너무 어린아이처럼 굴어요. 어리광쟁이구요. 어머니라기보다 여동생 같아요.

▶ 읽기 연습

이미지와 실제

이제 곧 서른. 전 직장을 그만두고 현재 취업 활동 중. 서른치고는 어려 보이기 때문에 면접 때 이미지는 나쁘지 않을 거라 생각한다. 하지만 서른이라고 하면 사회에서는 신인이라기보다 중견 취급을 받는 경우가 더 많다. 앞으로의 일을 제대로 생각하고 다음 직장을 판단하고 싶다.

전 직장은 외국계 기업이었기 때문에 자신 있는 영어를 발휘할 수 있다고 생각해 입사했다. 그런데 맡은 일은 국내의 점포 판매뿐이며 영어를 사용할 기회가 전혀 없었다. 외국계 기업에서 일하고 있다기보다 학생 시절에 하던 아르바이트의 연장 같아서 결국 그만뒀다.

어제 제1지망 회사의 면접을 봤다. 국내 중소기업이지만 국외에서의 영업이나 거래도 많아 영어를 사용할 수 있는 기회도 많은 것 같다. 국내 기업치고는 급여도 높고 직장 환경도 상당히 좋다. 성장 중인 기업인 만큼 직원들도 의욕에 가득 차 있는 것 같다. 면접의 느낌은 좋았다. 말재주가 없는 나치고는 응답을 잘했다. 할 일은 다 했다. 믿고 결과를 기다리자.

3과

▶ 회화

다무라 차 씨, 대학 축제 미팅은 금요일이었나요?

차 아뇨, 목요일이에요. 원래는 금요일이었는데 하루 앞당겼잖아요.

다무라 거참 난감해라. 그럼 계획서 마감도 수요일이죠?

차 그렇게 되겠네요.

다무라 그럼 오늘 안으로 해 놓아야겠네요. 늦어지기 전에 집에 돌아가고 싶었는데.

차 다무라 씨 감기 기운이 있고 하니까, 할 수 있는 부분은 제가 해 놓을게요. 얼른 집에 가서 쉬세요.

▶ 읽기 연습

최근의 나

요즘 감기 기운이 있다. 심하지는 않지만 콧물과 기침이 난다. 특히 자기 전에 기침이 날 때가 많다. 하지만 아침이나 낮에는 거의 증상이 없다. 이제 한 달 정도 이어지고 있다. 어? 병원에는 가봤나? 아니, 아직 안 갔어! 이 정도 이어지면 한번 병원에 가보는 것이 좋겠네.

그리고 요즘은 살찐 느낌이 든다. 몸이 무거워지고 배도 나온 듯하다. 이유를 생각해 봤지만 특별히 짚이는 데는 없다. 운동도 5년 전부터 계속하고 있고, 먹는 양도 특별히 변화는 없다. 아니 예전에는 더 먹었었지. 그런데 왜!? 게다가 요즘은 피곤한 느낌이 있다. 예전에는 일이 끝나고 나서 친구와 자주 놀러 가곤 했지. 그런데 요즘은 일이 끝나면 아무것도 할 마음이 생기지 않는다. 예전에는 아침까지 놀아도 멀쩡했는데. 지금은 어두워지기 전에 집에 가서 침대에 눕고 싶다고 생각해 버린다.

'감기 기운', '살찐 느낌', '피곤한 느낌' ……. 이상하네. 예전에는 더 건강하지 않았나? 젊을 때에 몸 관리를 제대로 해놓아야지.

4과

▶ 회화

다케우치 뭐 좋은 일이 있었어? 히죽거리고.

유 걱정했지만 아르바이트를 다행히 잘리지 않았거든.

다케우치 아, 그 일이지. 리키야 씨가 힘을 써줬어?

유 응, (리키야 씨가) 점장님한테 얘기해줬거든. 더 일찍 리키야 씨한테 부탁할 걸 그랬어.

다케우치 곤란할 때 가장 믿음직한 사람이 그 사람이니까.

유 그렇지. 우리에게 리키야 씨는 친형 같은 존재지.

▶ 읽기 연습

후회

사람은 사고방식 하나로 후회하지 않고 살 수 있다는 것이 나의 지론이다.

친구 중에는 매일 후회만 하고 있는 사람도 있다. 같이 밥을 먹으러 가도 가게에 들어간 후에 "다른 가게로 갈 걸 그랬다"라거나 주문한 후에 "다른 거 시킬 걸 그랬다" 등, 그런 말을 아무렇지도 않게 입에 올려 버린다. 후회는 누구에게도 그다지 좋은 일은 아니다.

후회는 '과거에는 더 좋은 선택지가 있었을 것이다'라는 생각에서 생긴다. 그러나 그 과거에는 정말로 '더 좋은 선택지'가 있었던 것일까? 어떤 하나의 선택을 했다는 것은 그 하나를 선택하기에 이른 '어떠한 경위'가 있을 것이다. 그것을 나는 '필연'이라고 생각한다. 어떤 선택이 필연이라는 것은 결국 다른 선택지는 '있는 것처럼 보여도 사실은 없었다'는 것과 마찬가지다. 그래서 나에게 있어 후회한다는 것은 있을 수 없는 일인 것이다.

이것은 편하게 살기 위한 사고방식이다. 필연이라고 여기면 선택하지 않아도 되고 후회하지 않아도 되기 때문.

5과

▶ 회화

구   큰 사고였다며? 그래도 별거 아니라서 다행이야.

가네코   일부러 이렇게 아침 일찍 병문안을 와 주셔서 감사합니다.

구   가네 짱 얼굴을 봐야지만 하루가 시작되니까 말이지.

가네코   일은 괜찮은가요? 이번 주 안으로 어떻게든 퇴원해서 출근할게요.

구   괜찮아, 괜찮아. 가네 짱 몫은 내가 밤새서라도 해놓을 테니까.

가네코   쓰러지지 마세요. 선배가 있어야지 프로젝트가 진행되니까요.

▶ 읽기 연습

승부는 이제부터

의대에 합격했다. 그러나 승부는 이제부터. 나의 최종적인 꿈은 어떻게 해서라도 '국경없는의사회'에 들어가 세계의 빈곤 지역이나 분쟁 지대 등에서 고통받는 사람들을 구원하는 것이다.

그러기 위해서는 우선 의대에 입학해야 시작할 수 있는데, 일단 첫걸음을 내딛을 수 있어서 다행이다. 그러나 의사 면허가 있어야 의사가 될 수 있고, 충분한 임상 경험이 있어야 '국경없는의사회'에서 활약할 수 있다. 이제부터 더욱 노력해가야 되겠다.

또한 영어는 물론 프랑스어나 아랍어에도 정통하지 않고서는 현지에서 의사소통을 하는 것이 어렵다. 프랑스어를 어릴 때부터 공부해 놓기를 잘했다. 별 뜻 없이 시작한 것인데 실제로 도움이 될 줄이야. 앞으로는 어학을 더 다져야 되겠다.

하여튼 전 세계 사람들을 구원하기 위해서라면 무슨 고생을 사서라도 공부와 경험을 꾸준히 쌓아 갈 각오는 되어 있다. 앞으로의 나의 활약을 기대하고 싶다.

6과

▶ 회화

스가와라   아, 저기 홍 씨. 그분 지금 사귀는 사람이 있다는 거 알고 있었어요?

우   응, 내 기억으로는 부장님을 통해서 알게 됐다던가.

스가와라   잘되고 있는 걸까요?

우   음, 저 표정으로 봐서는 결혼도 초읽기일지도.

스가와라   네? 그런가요……?

우   뭐야? 혹시 노리고(마음에 두고) 있었어? 좀…… 포기할 수밖에 없을지도 모르겠네.

▶ 읽기 연습

취업 준비

최근 몇 년 동안 한국에서는 젊은이들의 취업이 대단히 어렵기 때문에 나도 일찍부터 취업 준비를 시작할 수밖에 없었다. 특히 영어는 취업을 위한 기본 능력이기 때문에 대학 강의나 영어 학원, 온라인 영어회화 등 여러 가지 수업을 통해 영어 실력을 높이기 위한 노력을 해왔다. 다만 한국의 대기업 입장에서 보면 영어를 할 수 있는 것이 당연하다. 공모 단계에서 TOEIC 점수가 적어도 800점 이상일 것을 요구하는 경우도 많다. 그 속에서 승부하는 것이라 영어 공부만으로도 벅차다고 말할 수밖에 없다.

3학년이 되고 나서 취업정보 사이트를 통해 취업 적성 진단을 받아 대학에서 상담을 받거나 면접 연습을 하면서 취업에 대비해 왔다. 그러나 졸업을 눈앞에 둔 지금도 아쉽게도 아직 취업이 되지 않았다. 이 상황으로 보아 취업이 정해지지 않은 채로 졸업할 수밖에 없을지도 모른다.

한편 일본에서는 취업이 그다지 어렵지 않다고 한다. 나같은 한국의 대학생 입장에서 보면 일본의 대학생들이 부럽다. 차라리 일본에서 취업해 버릴까?

7과

주　이번에 오사카에 놀러가는 김에 히로시마에도 가려고 하는데요.

이치카와　네? 히로시마랑 오사카는 그렇게 가깝지 않은데요.

주　네, 알고 있어요. 근데 이번에 안 가면 당분간 못 갈 것 같아서요.

이치카와　그래요. 히로시마에 가지 않는 한 볼 수 없는 역사 자료 같은 것도 있으니까 말이죠.

주　오사카에서 당일치기로 갈 수 있겠죠?

이치카와　신칸센을 타면 가능해요. 1시간 반 정도 걸리는 것 같아요.

▶ 읽기 연습

일본어능력시험에 도전

나는 '책상에 앉아 공부'하는 것이 잘 안된다. 좋아하는 일본 드라마나 애니메이션을 보는 김에 새로운 말을 외우거나 일본인 친구와 라인을 주고받는 김에 모르는 말을 물어보고 외우는 것이 나의 일본어 공부법이다. 그런 방식이 적성에 맞는다.

그런 내가 언니의 권장으로 12월에 일본어능력시험 N2를 치게 되었다. 신청을 하고 돈도 내고 문제집도 사 와서 가끔 책장을 넘겨보기도 하지만 솔직히 전혀 붙을 것 같지 않다.

며칠 전, 집에서 모의고사를 쳐봤지만 형편없는 결과였다. 이미 N1에 합격한 언니에게는 "공부 방법을 바꾸지 않는 한, 붙기 힘들 거야"라는 소리를 들었다.

'꾸준한 노력을 계속하고 있는 한, 결과는 반드시 따라온다'라는 것이 언니의 신념이다. 그러나 나에게는 언니가 말하는 '노력'은 못 할 것 같다. 뭔가를 하는 김에 시험 공부도 할 수 있는, 그런 획기적인 공부법은 없을까? 우선 인터넷으로 알아보자. 그것이 합격의 첫걸음이다.

8과

▶ 회화

임　미즈노 씨, 뭔가 살 빠진 거 아니에요? 부럽네요.

미즈노　3kg 정도 빠졌어요. 근데 살 빠지는 게 항상 좋은 일이라고는 할 수 없어요.

임　네? 혹시 병 걸린 건 아니죠?

미즈노　아니에요. 일이 바빠서 잠을 잘 시간도 없거든요.

임　바쁘면 식생활도 불규칙적이 되기 십상이죠.

미즈노　맞아요. 큰 프로젝트를 맡고 있으면, 천천히 식사를 할 여유는 없으니까요.

▶ 읽기 연습

살찌는 원인은 '과식'이라고 단정할 수 없다?

세상 사람들은 날씬한 것이 '선'이고 뚱뚱한 것이 '악'이라고 느끼게 마련이다. 몸무게에 신경 쓰고 식사 제한을 하고 있는 사람들도 적지 않을 것이다. 그러나 음식의 칼로리를 알아보거나 당분을 자제하거나, 그런 것들만 하고 있으면 식사를 즐길 상황이 아니게 된다.

연예인이나 모델들이 반드시 다이어트의 성공자라고는 할 수 없다는 것은 잘 알려지지 않은 사실이다. 애초에 스트레스가 많은 연예계에서 살아가기 위해서는 충분한 식사가 필수불가결하며, 실제로는 식사 제한을 할 상황이 아니다.

나아가 여기서 충격적인 사실을 알려주자. 일반적으로 먹으니까 살찐다고 생각하기 쉬운데 사실은 살찌는 원인을 '과식'이라고는 단정할 수 없다. 권위 있는 연구 잡지의 논문에 따르면 사람이 살찌는 가장 큰 요인은 '유전'에 있다고 한다. 다시 말하자면, 살찌느냐 안 찌느냐의 문제는 노력의 범주를 넘은 어찌할 수도 없는 일이라는 것이다. 이렇게 생각하면 식사 제한은 이제 그만하는 것이 좋을지도 모른다.

9과

▶ 회화

고마쓰 기말시험 공부야? 고생 많네.

나 응, 졸업을 향해 조금만 더 힘내야지.

고마쓰 나도 한국어능력시험을 향해 힘내야 되겠다.

나 그러고 보니 이번 시험에 합격만 하면 얼마든지 취직할 수 있다고 했지?

고마쓰 얼마든지는 아닌데 항공사를 비롯해서 여행·관광 관련 기업에 지원하기 위한 최소한의 자격은 돼.

나 그렇구나. 나도 졸업하기만 하면 얼마든지 취직할 수 있다!는 말 해보고 싶은데 현실은 그렇게 만만치 않아.

▶ 읽기 연습

운전면허 취득을 목표로

이제 곧 대학교 마지막 여름방학이다. 사회인이 되면 이만큼 긴 휴가는 쉽게 받을 수 없을 것이다. 이번 여름이, 학생인 동안에 운전면허를 딸 마지막 기회가 될지도 모른다. 여름방학이 되면 자동차 운전 학원을 다녀 운전면허 취득을 목표로 매일 연습과 공부에 힘쓸 생각이다.

면허만 있으면 애인과의 드라이브를 비롯해 지금까지 하고 싶었던 것을 많이 할 수 있다. 가족이나 친구를 데리고 대형차로 여행도 가보고 싶다. 할 수 있는 아르바이트의 폭도 넓어질 것이고, 무엇보다 다리가 불편한 어머니를 데려다 드리고 데리고 올 수 있다.

아, 근데 면허가 있어도 차가 없으면 의미가 없지. 면허를 따고 나면 이번에는 차 구입을 목표로 아르바이트를 해서 돈을 모아야지. 어? 근데 그런 시간이 있을까? 진로에 대해서도 이제 슬슬 생각해야 하고. 아아, 시간만 있으면 여러 가지 할 수 있는데. 2년은 더 대학생으로 있고 싶구나.

10과

▶ 회화

신 시마다 씨, 잠깐 물어봐도 될까요?

시마다 아, 신 군, 뭔데? 뭐든지 물어봐.

신 저기, 진정한 사랑이란 뭘까요?

시마다 어? 갑자기 왜 그래? 혹시 실연이라도 당했어?

신 아뇨, 저는 25년이나 살고 있는데도 불구하고 아직 진정한 사랑이 뭔지 모르겠습니다.

시마다 아니, 그건 28년이나 살고 있는 나도 몰라. 그래도 나이를 먹음에 따라 점점 알아가게 되는 것이 아닐까?

▶ 읽기 연습

유행어

나이를 먹음에 따라 젊은 세대의 말을 알 수 없게 된다는 것은 이상한 일은 아니다. 그러나 나는 아직 20대 초반. 그럼에도 불구하고 중고등학생들이 하는 말을 이해하지 못할 때가 가끔 있다. 그래서 유행어에 관심을 가진 나는 일본어 유행어에 대해서도 조사해 봤다.

우선 '나우이'. '나우이'란 '당세풍'을 의미하는 1970년대의 젊은이 말로 영어 'now'에서 유래한 형용사이다. 같은 시기에 '촌스럽다'라는 의미의 '다사이'라는 말도 생겼다. '나우이'는 바로 사어가 됐는데도 불구하고 '다사이'는 현재도 아직 사용되고 있다.

또한 요즘 자주 사용되는 'KY'란 'KUUKIGA YOMENAI (공기를 읽을 수 없다 → 눈치가 없다)'의 준말로 그 자리의 분위기를 파악하지 못하며 상황에 어울리는 언행을 못하는 사람을 가리키는 말이다. 이 말도 시간이 지남에 따라 잘 사용되지 않게 되었지만 최근에는 이러한 '알파벳 약어'가 유행하고 있으며, 그중에서도 'JK(여고생)'는 상당히 정착되어 있다. 재미있으니 앞으로 더 조사해 볼까 싶다.

JLPT에 도전!! 정답

1과

| 1 | ② | 2 | ② | 3 | ③ |
| 4 | ③ | 5 | ① | | |

2과

| 1 | ② | 2 | ① | 3 | ④ |
| 4 | ③ | 5 | ① | | |

3과

| 1 | ① | 2 | ④ | 3 | ③ |
| 4 | ① | 5 | ② | | |

4과

| 1 | ② | 2 | ③ | 3 | ④ |
| 4 | ① | 5 | ④ | | |

5과

| 1 | ② | 2 | ④ | 3 | ③ |
| 4 | ③ | 5 | ④ | | |

6과

| 1 | ③ | 2 | ③ | 3 | ④ |
| 4 | ② | 5 | ① | | |

7과

| 1 | ② | 2 | ④ | 3 | ② |
| 4 | ① | 5 | ③ | | |

8과

| 1 | ② | 2 | ③ | 3 | ④ |
| 4 | ③ | 5 | ① | | |

9과

| 1 | ④ | 2 | ① | 3 | ③ |
| 4 | ③ | 5 | ① | | |

10과

| 1 | ① | 2 | ④ | 3 | ② |
| 4 | ③ | 5 | ④ | | |

あ

□ あいまいだ(曖昧だ) 애매하다 ·············140

□ あう(合う) 맞다, 어울리다 ·············145

□ あきらめる(諦める) 포기하다 ·········80/99/104

□ あきる(飽きる) 질리다 ·············11

□ あく(悪) 악 ·············116

□ あくじょうけん(悪条件) 악조건 ·············138

□ アクセント 악센트 ·············85/90

□ あさい(浅い) 얕다 ·············67

□ あしがはやい(足が速い) 발이 빠르다 ·············32

□ あしがわるい(足が悪い) 다리가 불편하다 ·············130

□ あせる(焦る) 조급해 하다 ·············53

□ あたたかみ(暖かみ) 따뜻함, 인정미 ·············28

□ あたりちらす(当たり散らす) 마구 화풀이하다 ·············18

□ あつかい(扱い) 취급 ·············33

□ あつまる(集まる) 모이다 ·············71/147

□ あとまわしにする(後回しにする) 뒷전으로 미루다 110

□ あにき(兄貴) 형, 형님 ·············52

□ アパート 일본식 아파트(세대수가 적은 2층짜리 연립주택) 128

□ あふれる 넘치다 ·············18/142

□ あまえる(甘える) 응석 부리다 ·············14

□ あまえんぼう(甘えん坊) 어리광쟁이, 응석받이·············24

□ あまくない(甘くない) 만만치 않다 ·············122

□ あむ(編む) 뜨다, 짜다 ·············12/15

□ あめかぜ(雨風) 비바람 ·············143

□ あめがふる(雨が降る) 비가 내리다 ·············70/142

□ あやまる(謝る) 사과하다 ·············57/83/99

□ あらたな(新たな) 새로운 ·············143

□ あらためる(改める) 고치다, 개선하다 ·············96/99

□ あんがい(案外) 의외로, 생각보다 ·············113

□ あんた 당신, 너(아나타보다 딜 높여 부르는 말) ·······67

□ いえん(胃炎) 위염 ·············85

□ いがいに(意外に) 의외로 ·············58

□ いがくぶ(医学部) 의학부, 의대 ·············74/95

□ イギリス 영국 ·············35/124

□ いきる(生きる) 살다, 생존하다 ·············99

□ いくらでも 얼마든지 ·············122

□ いたみ(痛み) 통증 ·············127

□ いちばん(一番) 제일, 가장 ·············59

□ いちめん(一面) 일면, 면 ·············32

□ いちょうやく(胃腸薬) 위장약 ·············45

□ いっそのこと 차라리 ·············88

□ いっぱんてき(一般的) 일반적 ·············116

□ いっぽ(一歩) 한 발짝, 한 걸음 ·············126

□ いっぽう(一方) 한편 ·············88

□ いでん(遺伝) 유전 ·············116

□ いほう(違法) 위법 ·············96

□ いまふう(今風) 당세풍 ·············145

□ イメージ 이미지 ·············33

□ いらい(依頼) 의뢰 ·············52/81

□ いんしょう(印象) 인상 ·············71

□ インスタントしょくひん(インスタント食品) 인스턴트 식품 ·············109

□ インフルエンザ 인플루엔자, 독감 ·······73/82/139/148

□ インフルエンザにかかる 독감에 걸리다 ·············139

□ ウイルス 바이러스 ·············81/148

□ うかる(受かる) 합격하다 ·············102

□ うけこたえ(受け答え) 응답 ·············33

□ うそ(嘘) 거짓말 ·············14/72

□ うそをつく(嘘をつく) 거짓말을 하다 ·············72

□ うちあわせ(打ち合わせ) 미팅, (간단한) 회의 ······37/38

□ うったえる(訴える) 호소하다 ·············123

□ うつびょう(うつ病) 우울증 ·············18

□ うまくいく(うまく行く) 잘되다 ·········80/111/125

□ うめぼし(梅干) 일본식 매실장아찌 ·············101

□ うらやましい 부럽다 ·············88/108

□ うれしい(嬉しい) 기쁘다 ·············29

□ うれる(売れる) 팔리다 ·············83/98

□ えいかいわ(英会話) 영어회화 ·············88

□ えいぎょう(営業) 영업 ·············33

□ えいよう(栄養) 영양 ·············45

□ えいようそ(栄養素) 영양소 ·············124

□ エージェント 에이전트 ·············81

□ エステティシャン 에스테티션, 피부미용사 ·············24

□ えらぶ(選ぶ) 고르다 ·············54/114

□ えんちょう(延長) 연장 ·············33

□ エントリー 지원 ·············122

□ えんりょがちだ(遠慮がちだ) 조심스럽다, 소극적이다113
□ おおがたしゃ(大型車) 대형차 ⋯⋯⋯⋯⋯⋯⋯130
□ おおがたスーパー(大型スーパー) 대형 마트 ⋯⋯58
□ おおくの(多くの) 많은 ⋯⋯⋯⋯⋯⋯⋯⋯⋯81/124
□ オーケストラ 오케스트라 ⋯⋯⋯⋯⋯⋯⋯⋯⋯141
□ おおゆき(大雪) 폭설 ⋯⋯⋯⋯⋯⋯⋯⋯⋯16/114
□ おかし(お菓子) 과자 ⋯⋯⋯⋯⋯⋯⋯⋯⋯⋯127
□ おかしい 이상하다 ⋯⋯⋯⋯⋯⋯⋯⋯⋯⋯⋯47
□ おかねをためる(お金を貯める)
　　돈을 모으다, 저금하다 ⋯⋯⋯⋯⋯⋯⋯⋯⋯130
□ おくりむかえ(送り迎え) 송영, 데려다주고 데리고 옴130
□ おくれる(遅れる) 늦다, 지연되다 ⋯⋯⋯⋯⋯⋯42
□ おこなう(行う) 행하다, 하다 ⋯⋯⋯⋯⋯⋯16/84
□ おこられる(怒られる) 혼나다(怒る의 수동형) ⋯⋯56
□ おこる(怒る) 화내다 ⋯⋯⋯⋯⋯⋯⋯⋯⋯⋯14
□ おさない(幼い) 어리다 ⋯⋯⋯⋯⋯⋯⋯⋯⋯110
□ おじ(叔父) 삼촌 ⋯⋯⋯⋯⋯⋯⋯⋯⋯⋯⋯⋯18
□ おじさん 아저씨 ⋯⋯⋯⋯⋯⋯⋯⋯⋯⋯⋯⋯30
□ おしゃべりする 수다 떨다 ⋯⋯⋯⋯⋯⋯⋯⋯111
□ おせっかいだ(お節介だ) 참견이 심하다 ⋯⋯⋯29
□ おたがい(お互い) 서로 ⋯⋯⋯⋯⋯⋯⋯⋯⋯81
□ おたく(お宅) 댁 ⋯⋯⋯⋯⋯⋯⋯⋯⋯⋯⋯113
□ おちゃをいれる(お茶を入れる) 차를 달이다 ⋯97
□ おとこおや(男親) 부친, 아버지 ⋯⋯⋯⋯⋯⋯85
□ おどろく(驚く) 놀라다 ⋯⋯⋯⋯⋯⋯⋯⋯⋯137
□ おなかがでる(おなかが出る) 배가 나오다 ⋯⋯47
□ おまけに 게다가 ⋯⋯⋯⋯⋯⋯⋯⋯⋯⋯⋯47
□ おみまい(お見舞い) 문병, 병문안 ⋯⋯⋯⋯⋯66
□ おもい(重い) 무겁다 ⋯⋯⋯⋯⋯⋯⋯⋯⋯⋯47
□ おもいあたる(思い当たる) 짚이다 ⋯⋯⋯⋯⋯47
□ おもいで(思い出) 추억 ⋯⋯⋯⋯⋯⋯⋯⋯⋯59
□ おもに(主に) 주로 ⋯⋯⋯⋯⋯⋯⋯⋯⋯⋯129
□ おゆをわかす(お湯を沸かす) 물을 끓이다 ⋯97
□ オリンピック 올림픽 ⋯⋯⋯⋯⋯⋯⋯⋯⋯⋯126
□ おわらいげいにん(お笑い芸人) 코미디언 ⋯⋯31
□ おわれる(追われる) 쫓기다 ⋯⋯⋯⋯⋯⋯114
□ おんだんだ(温暖だ) 온난하다 ⋯⋯⋯⋯⋯⋯81
□ オンライン 온라인 ⋯⋯⋯⋯⋯⋯⋯⋯⋯⋯88

か

□ ガードレール 가드레일 ⋯⋯⋯⋯⋯⋯⋯⋯⋯16
□ かいがいりょこう(海外旅行) 해외여행 ⋯⋯⋯⋯29

□ かいけつ(解決) 해결 ⋯⋯⋯⋯⋯⋯⋯⋯⋯⋯126
□ がいしけいきぎょう(外資系企業) 외국계 기업 ⋯33
□ がいする(害する) 해치다 ⋯⋯⋯⋯⋯⋯⋯⋯13
□ かいぜん(改善) 개선 ⋯⋯⋯⋯⋯⋯⋯84/92/96
□ かいはつ(開発) 개발 ⋯⋯⋯⋯⋯⋯⋯⋯⋯⋯56
□ カウンセリング 상담 ⋯⋯⋯⋯⋯⋯⋯⋯⋯⋯88
□ かおだち(顔立ち) 얼굴 생김새 ⋯⋯⋯⋯⋯⋯18
□ かおつき(顔つき) 표정 ⋯⋯⋯⋯⋯⋯⋯⋯⋯85
□ がか(画家) 화가 ⋯⋯⋯⋯⋯⋯⋯⋯⋯⋯⋯15
□ かかえる(抱える) (짐, 문제 등을) 안다, (일을) 떠맡다108
□ かく(描く) 그리다 ⋯⋯⋯⋯⋯⋯⋯⋯⋯⋯⋯15
□ かくご(覚悟) 각오 ⋯⋯⋯⋯⋯⋯⋯⋯⋯⋯⋯74
□ かくにん(確認) 확인 ⋯⋯⋯⋯⋯⋯⋯⋯⋯⋯46
□ がくぶ(学部) 학부 ⋯⋯⋯⋯⋯⋯⋯⋯⋯⋯⋯95
□ かこ(過去) 과거 ⋯⋯⋯⋯⋯⋯⋯⋯⋯⋯60/64
□ かこうしょくひん(加工食品) 가공 식품 ⋯⋯⋯127
□ ～かこくご(～ヶ国語) ~개 국어 ⋯⋯⋯124/132
□ かさい(火災) 화재 ⋯⋯⋯⋯⋯⋯⋯⋯⋯⋯⋯16
□ かさをさす(傘をさす) 우산을 쓰다 ⋯⋯⋯⋯142
□ かせぐ(稼ぐ) 벌다 ⋯⋯⋯⋯⋯⋯⋯⋯⋯⋯87
□ かだい(課題) 과제 ⋯⋯⋯⋯⋯⋯⋯⋯⋯46/115
□ かつ(勝つ) 이기다 ⋯⋯⋯⋯⋯⋯⋯⋯⋯⋯98
□ がっか(学科) 학과 ⋯⋯⋯⋯⋯⋯⋯⋯⋯⋯129
□ かっきてき(画期的) 획기적 ⋯⋯⋯⋯⋯⋯⋯102
□ がっきょく(楽曲) 악곡 ⋯⋯⋯⋯⋯⋯⋯⋯⋯141
□ かっぱつだ(活発だ) 활발하다 ⋯⋯⋯⋯⋯⋯81
□ かつやく(活躍) 활약 ⋯⋯⋯⋯⋯⋯⋯⋯⋯⋯74
□ かていのじじょう(家庭の事情) 집안 사정 ⋯⋯83
□ かならずしも(必ずしも) 결코, 반드시 ⋯⋯109/112/115
□ かのうだ(可能だ) 가능하다 ⋯⋯⋯⋯⋯⋯⋯94
□ ～がばれる ~을 들키다 ⋯⋯⋯⋯⋯⋯⋯⋯139
□ かみ(髪) 머리카락 ⋯⋯⋯⋯⋯⋯⋯⋯⋯43/97
□ から(空) 비었음, 공 ⋯⋯⋯⋯⋯⋯⋯⋯⋯⋯141
□ からい(辛い) 맵다 ⋯⋯⋯⋯⋯⋯⋯⋯⋯⋯27
□ カラオケ 가라오케 ⋯⋯⋯⋯⋯⋯⋯⋯⋯⋯141
□ からだにわるい(体に悪い) 몸에 해롭다 ⋯⋯109
□ カロリー 칼로리 ⋯⋯⋯⋯⋯⋯⋯⋯⋯116/120
□ かんがえかた(考え方) 사고방식 ⋯⋯⋯⋯⋯60
□ かんきょう(環境) 환경 ⋯⋯⋯33/84/92/124/143
□ かんこう(観光) 관광 ⋯⋯⋯⋯⋯⋯⋯⋯25/114
□ かんこうめいしょ(観光名所) 관광 명소 ⋯⋯129
□ かんこくじん(韓国人) 한국인 ⋯⋯⋯27/30/82

□ がんじょうだ(頑丈だ) 튼튼하다 ·········98
□ かんしょく(感触) 감촉, 느낌 ·········33
□ かんせい(完成) 완성 ·········15
□ かんせんする(感染する) 감염되다 ·········16/81
□ かんち(完治) 완치 ·········123
□ かんり(管理) 관리 ·········47
□ かんれん(関連) 관련 ·········122
□ ぎいん(議員) 의원 ·········123
□ きおく(記憶) 기억 ·········140
□ きかい(機会) 기회 ·········33
□ ～きがおきる(～気が起きる) ～할 마음이 생기다 ····47
□ きかくしょ(企画書) 기획서 ·········72
□ きがぬける(気が抜ける) 맥이 빠지다, 긴장감이 풀리다·····45
□ ききめ(効き目) 효과, 효능 ·········127
□ きぎょう(企業) 기업 ·········122
□ きぎょう(起業) 기업(사업을 일으킴) ·········68
□ きげんがいい(機嫌がいい) 마음 상태가 좋다 ·········56
□ きげんがわるい(機嫌が悪い) 기분이 언짢다 ·········85
□ きこう(気候) 기후 ·········81/124
□ きじょうのくうろん(机上の空論) 탁상공론 ·········137
□ きとくだ(危篤だ) 위독하다 ·········111
□ きにする(気にする) 신경 쓰다, 걱정하다 ·········30/116
□ きびしい(厳しい) 엄하다, 혹독하다 ·········32/88
□ きぼう(希望) 희망 ·········99
□ きゅうに(急に) 갑자기 ·········59
□ きゅうよう(急用) 급한 일 ·········86
□ きゅうりょう(給料) 급여 ·········33
□ きょういくしゃ(教育者) 교육자 ·········58
□ きょうか(強化) 강화 ·········74
□ きょうかしょ(教科書) 교과서 ·········53
□ きょうかん(共感) 공감 ·········82
□ きょうつう(共通) 공통 ·········84
□ きょうつうてん(共通点) 공통점 ·········124
□ ぎょうむ(業務) 업무 ·········95
□ きりかえる(切り替える) 전환하다, 새로 바꾸다 ·········123
□ きる(切る) 자르다, 끊다 ·········39
□ キロ km, kg ·········41
□ きろくをやぶる(記録を破る) 기록을 깨다 ·········95
□ ぎろん(議論) 논의 ·········81
□ きんし(禁止) 금지 ·········138
□ きんむひょう(勤務表) 근무표 ·········97
□ くうきがよめない(空気が読めない) 눈치가 없다 ·137

□ クーラー 냉방장치, 에어컨 ·········56
□ くさる(腐る) 썩다 ·········12
□ くずれる(崩れる) 무너지다 ·········98
□ クタクタになる 녹초가 되다 ·········41
□ くちにする(口にする) 입에 올리다 ·········60
□ くちべた(口下手) 말주변이 없다 ·········33
□ くちをきく(口を利く) 말을 섞다 ·········143
□ くにレベル(国レベル) 국가 차원 ·········126
□ くびになる(首になる) (직장에서) 잘리다, 해고되다·16/52
□ くらい(暗い) 어둡다 ·········41
□ クラス 반 ·········41
□ くらべる(比べる) 비하다, 비교하다 ·········113
□ くりかえす(繰り返す) 반복하다 ·········13/22/110
□ くるまをはしらせる(車を走らせる) 차를 몰다 ····123
□ くろう(苦労) 고생 ·········74
□ けいい(経緯) 경위 ·········60
□ けいえいしゃ(経営者) 경영자 ·········58
□ けいかくしょ(計画書) 계획서 ·········38
□ けいけん(経験) 경험 ·········40/143
□ けいけんをつむ(経験を積む) 경험을 쌓다 ·········49
□ けいご(敬語) 경어 ·········109
□ けいざい(経済) 경제 ·········143
□ けいさつ(警察) 경찰 ·········123
□ げいじゅつか(芸術家) 예술가 ·········58
□ げいのうかい(芸能界) 연예계 ·········116
□ げいのうじん(芸能人) 예능인, 연예인 ·········26/116
□ けいようし(形容詞) 형용사 ·········145
□ けおとす(蹴落とす) (남을) 밀어내다 ·········69
□ げか(外科) 외과 ·········127
□ けがをする(怪我をする) 다치다 ·········56
□ けっか(結果) 결과 ·········96/102
□ けっきょく(結局) 결국 ·········60
□ げり(下痢) 설사 ·········45
□ けんい(権威) 권위 ·········116
□ げんいん(原因) 원인 ·········116
□ げんかい(限界) 한계 ·········125
□ けんかする 싸우다 ·········57
□ けんきゅう(研究) 연구 ·········116
□ けんこうしんだん(健康診断) 건강검진 ·········96/100
□ げんざい(現在) 현재 ·········84/145
□ げんさく(原作) 원작 ·········71
□ げんじつ(現実) 현실 ·········122

158

□ げんじつてき(現実的) 현실적 ·············18
□ けんしゅう(研修) 연수, 교육 ·············97
□ げんだいじん(現代人) 현대인 ·········113/137
□ げんち(現地) 현지 ·············74
□ げんどう(言動) 언행 ·············145
□ こうい(行為) 행위 ·············96
□ こうかい(後悔) 후회 ·········53/60/64
□ こうかんがもてる(好感が持てる) 호감이 가다 ······69
□ こうぎ(講義) 강의 ·············88
□ こうくう(航空) 항공 ·············122
□ こうくうがいしゃ(航空会社) 항공사 ·············39
□ こうじ(工事) 공사 ·············45
□ こうそう(構想) 구상 ·············95
□ こうそく(校則) 교칙, 학칙 ·············138
□ こうちょう(校長) 교장 ·············32
□ こうどう(行動) 행동 ·············96
□ こうにゅう(購入) 구입 ·············130
□ こうねつ(高熱) 고열 ·············142
□ こうふん(興奮) 흥분 ·············98
□ こうぼ(公募) 공모 ·············88
□ こうほしゃ(候補者) 후보자 ·············123
□ こうりゅう(交流) 교류 ·············84
□ こうれいか(高齢化) 고령화 ·············143
□ こうれいしゃ(高齢者) 고령자 ·············58
□ こえる(超える) 넘다 ·············116
□ こくないりょこう(国内旅行) 국내여행 ·············29
□ こくはく(告白) 고백 ·············54
□ こくみん(国民) 국민 ·········55/123
□ ここすうねん(ここ数年) 최근 몇 년 동안 ·············88
□ ごじゅん(語順) 어순 ·············127
□ こじんよう(個人用) 개인용 ·············141
□ ごぜん(午前) 오전 ·············40
□ ～こそ ～야말로 ·············58
□ こたえ(答え) 답 ·············112
□ ごちそう 호화로운 음식 ·············83
□ こっきょうなきいしだん(国境なき医師団)
　 국경없는의사회 ·············74
□ コツコツ(と) 꾸준히 ·············53
□ こどもっぽい(子供っぽい) (성질이) 어린아이 같다 ··24
□ ことわる(断る) 거절하다 ·············13
□ こなす 해치우다, 처리하다 ·············96
□ コミュニケーション 커뮤니케이션, 의사소통 ·····74

□ こめる(込める) 담다 ·············99
□ ころぶ(転ぶ) 넘어지다 ·············128
□ こんご(今後) 앞으로 ·········74/140
□ コンテスト 경연대회 ·············123

さ

□ サークル 동아리 ·············128
□ さいご(最後) 최후, 마지막 ·············130
□ さいしゅうてき(最終的) 최종적 ·············74
□ さいていライン(最低ライン) 하한선 ·············122
□ さいばい(栽培) 재배 ·············124
□ さいはつ(再発) 재발 ·········13/22
□ さがしだす(探し出す) 찾아내다 ·············72
□ さがる(下がる) 내려가다, 낮아지다 ·············140
□ さくせんをねる(作戦を練る) 작전을 짜다 ·············123
□ さす(指す) 가리키다 ·············137
□ さすが 역시 ·········24/28/31/35
□ さつえい(撮影) 촬영 ·············26
□ サボる 땡땡이치다 ·············45
□ さまざまだ(様々だ) 다양하다 ·········124/143
□ さらに 나아가, 더욱이 ·········104/116
□ ざんぎょう(残業) 잔업 ·········53/86/92
□ ざんぎょうする(残業する) 잔업하다 ·············86
□ さんざんだ(散々だ) 형편없다 ·············102
□ ざんねんながら(残念ながら) 아쉽게도, 유감스럽게도 88
□ さんふじんか(産婦人科) 산부인과 ·············127
□ シートベルト 좌석 벨트, 안전 벨트 ·············56
□ しえん(支援) 지원 ·············84
□ しかく(資格) 자격 ·············122
□ じき(時期) 시기 ·········16/67/145
□ じきに 곧, 머지않아 ·············13
□ しきん(資金) 자금 ·············68
□ しご(死語) 사어 ·············145
□ じじつ(事実) 사실 ·············116
□ しじりつ(支持率) 지지율 ·············45
□ じしん(地震) 지진 ·········16/70
□ しせい(姿勢) 자세 ·············69
□ したがう(従う) 따르다 ·············86
□ しっかり 확실히, 단단히 ·············96
□ しつぎょうりつ(失業率) 실업률 ·············140
□ じつげん(実現) 실현 ·········73/95/126

□ じっさい(実際) 실제 ·················33/116
□ じっさいに(実際に) 실제로 ·········73/74/137
□ しっぱい(失敗) 실패 ··45
□ じつりょくをのばす(実力を伸ばす) 실력을 높이다·88
□ しつれん(失恋) 실연 ·····································136
□ しどう(指導) 지도 ·······································26/36
□ じどうしゃきょうしゅうじょ(自動車教習所)
　자동차 운전 학원 ·······································130
□ じびょう(持病) 지병 ·····································112
□ しぶい(渋い) 은근한 멋이 있다 ·····················28
□ しぼう(志望) 지망 ·····························33/95/114
□ しまぐに(島国) 섬나라 ·································124
□ じみちだ(地道だ) 꾸준하다, 착실하다 ···········102
□ しめきり(締切) 마감 ·······································38
□ しめる(締める) 매다 ·······································56
□ シャープペンシル 샤프 펜슬 ·························141
□ シャーペン 샤프 ··141
□ しゃかいじん(社会人) 사회인 ·······················130
□ しゃべりがうまい 말재주가 뛰어나다 ··············31
□ しゃべる 말하다 ···142
□ ジャンプりょく(ジャンプ力) 점프력 ··············31
□ しゅうがくりょこう(修学旅行) 수학여행 ···········98
□ しゅうかん(習慣) 습관 ·····································96
□ しゅうしょくかつどう(就職活動)
　구직 활동, 취업 준비 ···························33/111
□ じゅうど(重度) 중증, (병의 정도가) 심각함 ·······10
□ しゅうにゅう(収入) 수입 ·································99
□ しゅうにん(就任) 취임 ·····································67
□ じゅうぶんだ(十分だ) 충분하다 ·····················116
□ じゅけん(受験) 수험 ·····································142
□ しゅじゅつ(手術) 수술 ·····································56
□ しゅしょく(主食) 주식 ·····································141
□ しゅせき(首席) 수석 ·······································31
□ しゅっきん(出勤) 출근 ·····································66
□ しゅっしん(出身) 출신 ·························39/46/82
□ しゅっせ(出世) 출세 ·······································69
□ しゅとく(取得) 취득 ·······························130/134
□ しゅにん(主任) 주임 ·······································26
□ じゅりつ(樹立) 수립 ·····································138
□ しゅるい(種類) 종류 ·····································143
□ じょうきょう(状況) 상황 ·························88/145
□ しょうげきてき(衝撃的) 충격적 ·····················116

□ しょうこいんめつ(証拠隠滅) 증거인멸 ··············13
□ しょうじょう(症状) 증상 ···············47/82/85/127
□ しょうちゅう(焼酎) 소주 ·······························141
□ しょうにあう(性に合う) 적성에 맞다 ··············102
□ しょうぶ(勝負) 승부 ·······································74
□ じょうほう(情報) 정보 ·····································88
□ しょくぎょう(職業) 직업 ·························32/137
□ しょくぎょうてき(職業的) 직업적 ·················137
□ しょくじせいげん(食事制限) 식사제한 ·············116
□ しょくせいかつ(食生活) 식생활 ········13/108/113
□ しょくば(職場) 직장 ·····················33/84/92
□ しょくパン(食パン) 식빵 ·······························141
□ じょしこうせい(女子高生) 여고생 ·················145
□ しょしょうじょう(諸症状) 여러 증상 ··············127
□ じょじょに(徐々に) 서서히 ····························143
□ しょしんしゃ(初心者) 초보자 ···········30/36/110
□ しょっちゅう 자주, 빈번히 ·······························18
□ しらべる(調べる) 조사하다 ····························100
□ しりあう(知り合う) 알게 되다 ···················80/81
□ しりょう(資料) 자료 ·····························94/126
□ じろん(持論) 지론 ···60
□ しわ 주름 ···140
□ しんきろく(新記録) 신기록 ····························138
□ しんけんだ(真剣だ) 진지하다 ··························55
□ しんけんに(真剣に) 진지하게 ·····················18/55
□ しんこう(進行) 진행 ·······································45
□ しんしょうひん(新商品) 신상품 ·····················126
□ しんじん(新人) 신인 ·······································97
□ しんせい(申請) 신청 ·····································142
□ しんせんだ(新鮮だ) 신선하다 ·····················31/40
□ しんちょうする(新調する)
　(옷이나 가구 등을) 새로 맞추다, 새로 장만하다 ···100
□ しんちょうだ(慎重だ) 신중하다 ·····················54
□ しんにゅうしゃいん(新入社員) 신입사원 ···········95
□ しんねん(信念) 신념 ·····································102
□ しんぱいをかける(心配をかける) 걱정을 끼치다 ···72
□ しんぽ(進歩) 진보 ···140
□ しんやく(新薬) 신약 ·······································56
□ しんらいをえる(信頼を得る) 신뢰를 얻다 ·········143
□ しんろ(進路) 진로 ···130
□ すうじつ(数日) 며칠간 ·····································42
□ すうち(数値) 수치 ···96

☐ スカイツリー 도쿄 스카이트리 ·······················100
☐ スキル 기술, 능력 ·······································88
☐ すくう(救う) 구원하다, 구제하다 ··················74
☐ すくなくとも(少なくとも) 적어도 ··················88
☐ すずしい(涼しい) 시원하다, 선선하다 ··············44
☐ すすむ(進む) 진행되다 ·······························143
☐ すすめ(勧め) 권장, 추천 ····························102
☐ すすめる(進める) 진행하다 ·························126
☐ ずつう(頭痛) 두통 ·······························50/83
☐ すっきりする 개운하다 ·······························42
☐ すっぽかす (약속 등을) 어기다 ·····················17
☐ すてる(捨てる) 버리다 ··························97/99
☐ ストレス 스트레스 ·····························95/116
☐ スマホ 스마트폰(スマートフォン)의 준말 ·········138
☐ せいい(誠意) 성의 ···································99
☐ せいいっぱい(精一杯) 힘껏 ··················53/114
☐ せいがでる(精が出る) 열심히 하다, 일에 힘쓰다 ·····122
☐ せいぎ(正義) 정의 ··································109
☐ せいこう(成功) 성공 ···························99/126
☐ せいこうしゃ(成功者) 성공자 ······················116
☐ せいさく(政策) 정책 ······················45/55/123
☐ ～せいじん(～星人) ～성인 ··························18
☐ せいしんか(精神科) 정신과 ·························127
☐ せいしんかい(精神科医) 정신과 의사 ···············18
☐ せいぞう(製造) 제조 ································127
☐ せいぞうぶ(製造部) 제조부 ·························129
☐ せいそく(生息) 서식 ·······························143
☐ せいちょうする(成長する) 성장하다 ···············143
☐ せいちょうちゅう(成長中) 성장 중 ················33
☐ せいつうする(精通する) 정통하다 ··················74
☐ せいど(制度) 제도 ·································143
☐ せかいじゅう(世界中) 전 세계 ·····················74
☐ せき 기침 ···127
☐ せきがでる(咳が出る) 기침이 나다 ·················47
☐ せだい(世代) 세대 ·································145
☐ ぜったい(絶対) 절대로 ······························99
☐ せっち(設置) 설치 ···································16
☐ せまられる(迫られる) 강요당하다, 요구되다 ······140
☐ せわ(世話) 돌봄, 보살핌 ·························114
☐ ぜん(善) 선 ······································116
☐ せんこう(専攻) 전공 ··························54/115
☐ せんたくし(選択肢) 선택지 ·························60

☐ せんぱい(先輩) 선배 ···························53/66
☐ ぜんはん(前半) 전반, 초반 ························145
☐ せんもんか(専門家) 전문가 ·························85
☐ せんもんぶんや(専門分野) 전문 분야 ···············127
☐ そうぞうりょく(想像力) 상상력 ·····················58
☐ そうぞうりょく(創造力) 창조력 ·····················58
☐ そうたい(早退) 조퇴 ································42
☐ そうだいだ(壮大だ) 장대하다 ······················95
☐ そうだん(相談) 상담 ································113
☐ そざい(素材) 소재 ···································28
☐ そふ(祖父) 할아버지 ································32
☐ そもそも 애초(에) ·································116
☐ それだけ 그만큼 ·····································10
☐ そろそろ 이제 슬슬 ·································130
☐ そんざい(存在) 존재 ···························52/55

た

☐ ～だい(～代) ～대(연령층, 연대) ···········30/32/46
☐ だいいちしぼう(第一志望) 제1지망 ············33/114
☐ だいいっぽ(第一歩) 첫걸음 ·················74/102
☐ たいいん(退院) 퇴원 ···························66/78
☐ ダイエット 다이어트 ···························57/83
☐ たいおう(対応) 대응 ································140
☐ だいがくさい(大学祭) 대학 축제 ····················38
☐ だいかんげい(大歓迎) 대환영 ······················128
☐ だいきぎょう(大企業) 대기업 ·······················88
☐ たいけん(体験) 체험 ································84
☐ だいじこ(大事故) 큰 사고 ···················53/66
☐ たいしたことない(大したことない)
    별것이 아니다, 대수롭지 않다 ······················66
☐ たいじゅう(体重) 몸무게 ····················116/120
☐ たいしゅううけがいい(大衆受けがいい)
    대중의 지지를 받다 ·······························85
☐ たいちょう(体調) 몸 상태 ··························47
☐ だいの(第二の) 제2의 ······························55
☐ だいひょう(代表) 대표 ······························41
☐ たいふう(台風) 태풍 ···························70/143
☐ たいほ(逮捕) 체포 ·································123
☐ たえる(耐える) 견디다 ·······························95
☐ たおれる(倒れる) 쓰러지다 ·················66/78/111
☐ たからもの(宝物) 보물 ·······························55

□ ～だけでもせいいっぱい(～だけでも精一杯) ～만으로도 벅차다 ·············88

□ ダサい 촌스럽다, 모양빠지다 ·············145

□ たしか(確か) 나의 기억으로는 (부사로 사용) ·············80

□ たしょう(多少) 다소 ·············128

□ たすかる(助かる) 도움이 되다 ·············29

□ ただ 그냥, 그저 ·············26

□ ただしい(正しい) 옳다 ·············29/112

□ ただでさえ 그렇지 않아도, 가뜩이나 ·············98

□ たつ(経つ) 지나다 ·············140

□ たった 겨우, 불과 ·············137

□ たっぷり 듬뿍 ·············29

□ たにん(他人) 타인, 남 ·············69

□ たのしむ(楽しむ) 즐기다 ·············116

□ たのむ(頼む) 부탁하다, 의뢰하다 ·············52

□ タブレットPC 태블릿 PC ·············54

□ たまたま 우연히 ·············59

□ たまに 가끔 ·············145

□ ためる(貯める) (돈을) 모으다 ·············68

□ たよりになる(頼りになる) 의지가 되다, 믿음직하다·52

□ だんかい(段階) 단계 ·············88

□ たんご(単語) 단어 ·············100

□ たんさん(炭酸) 탄산 ·············141

□ たんすいかぶつ(炭水化物) 탄수화물 ·············124

□ だんだん 점점, 조금씩 ·············136

□ たんとうしゃ(担当者) 담당자 ·············67

□ たんに(単に) 단순히, 단지 ·············18

□ ちあん(治安) 치안 ·············96

□ ちいき(地域) 지역 ·············84/96/129

□ ちかく(近く) 가까이, 근처 ·············58

□ ちかづく(近づく) 다가가다, 가까워지다 ·······140/143

□ ちかづける(近づける) 가까이 대다 ·············16

□ ちからをかす(力を貸す) 힘을 써 주다, 도와주다 ·············52

□ ちしき(知識) 지식 ·············58

□ ちばけん(千葉県) 지바현 ·············39

□ ちゃくよう(着用) 착용 ·············16

□ チャンス 기회, 찬스 ·············130

□ ちゅうけん(中堅) 중견 ·············33

□ ちゅうこうせい(中高生) 중고등학생 ·············145

□ ちゅうしょうきぎょう(中小企業) 중소기업 ·············33

□ チューハイ 츄하이 ·············141

□ ちょうせん(挑戦) 도전 ·············102

□ ちょっとしたこと 사소한 일 ·············18

□ ちり(地理) 지리 ·············30

□ ついてくる(ついて来る) 따라오다 ·············102

□ つうじる(通じる) 통하다 ·············112

□ つうふう(通風) 통풍 ·············137

□ つかいものにならない(使い物にならない) 쓸모가 없다 ·············137

□ つかれる(疲れる) 피곤하다, 지치다 ·············42

□ つきあう(付き合う) 사귀다 ·············80

□ つきひ(月日) 세월 ·············140

□ つづく(続く) 이어지다, 계속되다 ·············47

□ つづける(続ける) 계속하다 ·············47

□ つなみ(津波) 해일 ·············16

□ つねに(常に) 항상 ·············18

□ つみかさねる(積み重ねる) 겹쳐 쌓다 ·············74

□ つむ(積む) 쌓다 ·············143

□ つれてくる(連れて来る) 데려오다 ·············69

□ つれる(連れる) 데리다 ·············130

□ ～てあたりまえ(～て当たり前) ～하는 것이 당연하다88

□ ていか(低下) 저하 ·············140

□ ていじ(提示) 제시 ·············39

□ ていちゃく(定着) 정착 ·············145/148

□ ていねいに(丁寧に) 정중하게, 공들여 ·············28

□ でかける 외출하다, 나가다 ·············97

□ できすぎ 지나치게 잘함 ·············27

□ てきせい(適性) 적성 ·············88

□ できたら 되도록이면 ·············44

□ ～でくらす(～で暮らす) ～에서 살다, 생활하다 ·············125

□ ～てくる ～해 오다, (점점) ～하게 되다 ·······136/140

□ てつだう(手伝う) 거들다, 도와주다 ·············29

□ てつやする(徹夜する) 밤새우다 ·············66/72

□ てぶくろ(手袋) 장갑 ·············15

□ でぶしょう(出不精) 외출하기를 귀찮아하는 성질 ·············69

□ てをつかう(手を使う) 수를 쓰다 ·············72

□ てんしょく(転職) 이직 ·············57

□ てんちょう(店長) 점장(님) ·············52/127

□ てんぽ(店舗) 점포 ·············33

□ てんらく(転落) 전락 ·············16

□ ドイツ 독일 ·············124/132

□ どうが(動画) 동영상 ·············72

□ とうさん(倒産) 도산 ·············13

□ どうし(動詞) 동사 ·············39

□ とうしゃ(当社) 당사, 우리 회사 ……127
□ どうしようもない 어찌할 수도 없다 ……116
□ とうだい(東大) 도쿄대학(東京大学)의 준말 ……31
□ とうぶん(糖分) 당분 ……116
□ とうぶん(当分) 당분간 ……94/95
□ とうぼう(逃亡) 도망 ……13
□ どうりょう(同僚) 동료 ……53/143
□ とおい(遠い) 멀다 ……128
□ とおく(遠く) 멀리, 먼 곳 ……58/125
□ ～とか ～던가 ……60/80/108
□ どく(毒) 독 ……55
□ とくいだ(得意だ) 잘하다, 자신이 있다 ……33
□ とくに(特に) 특히 ……47
□ とける(溶ける) 녹다 ……15
□ としをとる(年を取る) 나이를 먹다 ……136
□ とっさの 순간적인 ……53
□ とても 도저히 ……95
□ ととのう(整う) 정비되다, 갖추어지다 ……143
□ とびだす(飛び出す) 뛰어나가다, 뛰어 나오다 ……142
□ とめる(止める) 말리다, 막다 ……142
□ ともかく 하여튼 ……74
□ とりくむ(取り組む) 힘쓰다, 착수하다 ……126
□ とりひき(取引) 거래 ……33
□ とれる(捕れる) 잡히다 ……31

な

□ ないか(内科) 내과 ……127
□ ないかく(内閣) 내각 ……45
□ なお 여전히, 아직 ……145
□ なおす(直す) 고치다 ……11
□ なおる(治る) 낫다 ……73
□ ながいきする(長生きする) 오래 살다 ……112
□ ながされる(流される)
　떠내려가다(流す(흘리다)'의 수동형 ……67
□ なかなか 좀처럼 ……113
□ なっとう(納豆) 일본식 생청국장 ……101
□ なにかにつけて(何かにつけて)
　걸핏하면, 무슨 일이 있을 때마다 ……113
□ なにげなく(何気なく) 무심코, 별 뜻 없이 ……74
□ なにより(何より) 무엇보다 ……130
□ なまける(怠ける) 게으름 피우다 ……25
□ ～なみ(～並) ~수준, ~과 거의 같음 ……31

□ なれている(慣れている)
　익숙하다('慣れる(익숙해지다)'+ている) ……67
□ なんかいだ(難解だ) 난해하다 ……98
□ ～なんて ~따위, ~같은 것 ……57/69/71
□ なんとなく(何となく) 왠지 ……11
□ なんらかの(何らかの) 어떠한 ……60
□ にがて(苦手) 잘하지 못한, 서투름 ……27
□ ～にくわしい(～に詳しい)
　~에 대해 잘 알다, ~에 능통하다 ……30
□ ～にそなえる(～に備える) ~에 대비하다 ……88
□ にっていをくむ(日程を組む) 일정을 짜다 ……97
□ にている(似ている) 닮았다 ……29/127
□ にやつく 히죽거리다 ……52
□ にゅうたいいん(入退院) 입퇴원 ……110
□ ～にゆらいする(～に由来する) ~에서 유래하다 ……145
□ ぬれる(濡れる) 젖다 ……59
□ ネイティブ 네이티브, 원어민 ……31
□ ねこむ(寝込む) (병상에) 오래 눕다 ……69
□ ねさげ(値下げ) 가격 인하 ……83
□ ねつ(熱) 열 ……72
□ ネットカフェ 인터넷 카페(한국의 PC방과 비슷한 가게) 39
□ ネットほうそう(ネット放送) 인터넷 방송 ……144
□ ねむる(眠る) 잠들다 ……98
□ ねらう 노리다, 겨냥하다 ……80
□ ～ねんだい(～年台) ~년대 ……145
□ ねんれい(年齢) 연령 ……32
□ のうりょく(能力) 능력 ……58/137
□ ノートパソコン 노트북 ……54
□ のこる(残る) 남다 ……10
□ のど 목구멍, 인후 ……127
□ ～のぶん(～の分) ~몫 ……66

は

□ ば(場) 자리, 공간 ……145
□ はあく(把握) 파악 ……137/145
□ パーソナル 퍼스널 ……1411
□ バイキング 뷔페 ……57
□ ハイボール 하이볼 ……141
□ はう(這う) 기다 ……72
□ はげむ(励む) 힘쓰다 ……130
□ はだ(肌) 피부 ……30
□ はつおん(発音) 발음 ……82/100

163

□ はっき(発揮) 발휘 ······ 33
□ はつげん(発言) 발언 ······ 113
□ はっせいりつ(発生率) 발생률 ······ 140
□ はつデート(初デート) 첫데이트 ······ 72
□ はってん(発展) 발전 ······ 143
□ はなしかける(話しかける) 말을 걸다 ······ 71
□ はなみず(鼻水) 콧물 ······ 47/50/127
□ はばがひろがる(幅が広がる) 폭이 넓어지다 ······ 130
□ はやめる(早める) 앞당기다 ······ 38
□ はやる(流行る) 유행하다 ······ 145/148
□ バラエティ 버라이어티, 오락 프로그램 ······ 26
□ はらをたてる(腹を立てる) 짜증을 내다 ······ 18
□ バレーボールせんしゅ(バレーボール選手) 배구 선수 31
□ ばれる 들키다 ······ 16/139
□ はんざい(犯罪) 범죄 ······ 140
□ はんたい(反対) 반대 ······ 86
□ はんだん(判断) 판단 ······ 13/53
□ はんちゅう(範疇) 범주 ······ 116
□ はんにん(犯人) 범인 ······ 72/123
□ はんばい(販売) 판매 ······ 33/127
□ はんばいぶ(販売部) 판매부 ······ 129
□ ひがい(被害) 피해 ······ 70
□ ひがえり(日帰り) 당일치기 ······ 94
□ ひかえる(控える) 자제하다 ······ 116
□ ひきこもる(引きこもる) 틀어박히다 ······ 113
□ ひき出す(引き出す) 끌어내다 ······ 58
□ ひごろ(日ごろ) 평소 ······ 53
□ ビタミン 비타민 ······ 113
□ びっくりする 깜짝 놀라다 ······ 29
□ ひっこし(引っ越し) 이사 ······ 44/97
□ ひつぜん(必然) 필연 ······ 60
□ ひっぱる(引っ張る) 끌다, 끌어당기다 ······ 69
□ ひつようふかけつだ(必要不可欠だ) 필수불가결하다 116
□ ひどい 심하다, 지독하다 ······ 47/54/83
□ ひとくちに(一口に) 한마디로 ······ 127
□ ひとでぶそく(人手不足) 일손 부족 ······ 45
□ ひとまず 일단 ······ 74
□ ひま(暇) (시간적) 틈, 여유 시간 ······ 108/125
□ ～びょう(～病) ~병 ······ 10/18/63
□ ひよう(費用) 비용 ······ 87
□ びようかんけい(美容関係) 미용 관련 ······ 24
□ ひょうてんか(氷点下) 빙점하, 영하 ······ 138

□ びょうよみ(秒読み) 초읽기 ······ 80
□ ひょっとして 혹시 ······ 12
□ ひんこんちいき(貧困地域) 빈곤 지역 ······ 74
□ フェイスブック 페이스북 ······ 81/92
□ ふえる(増える) 늘다 ······ 140
□ ぶか(部下) 부하 ······ 26/68
□ ふかめる(深める) 깊게 하다 ······ 81
□ ふきそく(不規則) 불규칙적 ······ 108
□ ふく(拭く) 닦다 ······ 100
□ ふくぎょう(副業) 부업 ······ 16
□ ふくそう(服装) 복장 ······ 140
□ ふくむ(含む) 포함하다 ······ 124
□ ふけいき(不景気) 불경기 ······ 114
□ ふしぎだ(不思議だ) 이상하다, 신기하다 ······ 145
□ ぶじだ(無事だ) 무사하다 ······ 70
□ ぶしょ(部署) 부서 ······ 129
□ ふそくする(不足する) 모자라다 ······ 113
□ ふどうさんや(不動産屋) 부동산 중개업체 ······ 84
□ ふとる(太る) 살찌다 ······ 42/116
□ ふまん(不満) 불만 ······ 144
□ ふみだす(踏み出す) 내디디다 ······ 74/126
□ ふむふむ 생각하다가 납득했을 때 쓰는 말 ······ 10
□ ふようだ(不要だ) 불필요하다 ······ 97
□ プラモデル 프라모델 ······ 15
□ ふるい(古い) 낡다, 오래되다 ······ 128
□ プレゼン 프레젠테이션(プレゼンテーション)의 준말 126
□ プロジェクト 프로젝트 ······ 66/78/108
□ ふんいき(雰囲気) 분위기 ······ 137
□ ふんそう(紛争) 분쟁 ······ 84
□ ふんそうちたい(紛争地帯) 분쟁 지대 ······ 74
□ へいきだ(平気だ) 멀쩡하다, 아무렇지도 않다 ······ 47/60
□ へいじつ(平日) 평일 ······ 142
□ へえ 허, 저런 ······ 24/30
□ ページをめくる 책장을 넘기다 ······ 102
□ ベッドによこになる(ベッドに横になる) 침대에 눕다 47
□ へんか(変化) 변화 ······ 47
□ へんこう(変更) 변경 ······ 95
□ べんぴ(便秘) 변비 ······ 42
□ ほうふだ(豊富だ) 풍부하다 ······ 124
□ ほうもん(訪問) 방문 ······ 113
□ ほうりだす(放り出す) 내팽개치다 ······ 18
□ ほうりつ(法律) 법률 ······ 96

☐ ほうれんそう(ほうれん草) 시금치 ·········43
☐ ぼける 치매에 걸리다 ·········10
☐ ほこり 먼지 ·········11
☐ ほしゃく(保釈) 보석 ·········13
☐ ぼっとうする(没頭する) 몰두하다 ·········110
☐ ほりがふかい(彫が深い) 이목구비가 뚜렷하다 ·········27
☐ ほれる(惚れる) 반하다 ·········11
☐ ほんにん(本人) 본인 ·········29/46
☐ ほんやく(翻訳) 번역 ·········138

ま

☐ まいったな 거참 난감해라 (감탄사처럼 사용됨) ·········38
☐ まいる 난감해지다 ·········38
☐ まかせる(任せる) 맡기다 ·········72
☐ まじめだ(真面目だ) 부지런하다, 진지하다 ·········113
☐ まなぶ(学ぶ) 배우다 ·········81/87/96
☐ まにあう(間に合う) 늦지 않게 도착하다 ·········70/111
☐ マニュアル 매뉴얼, 설명서 ·········110
☐ マフラー 목도리 ·········12
☐ ～まま ~채로, ~대로 ·········12/18/20/35/88/118
☐ まもなく 이제 곧 ·········33
☐ マラソン 마라톤 ·········126
☐ みおとす(見落とす) (못 보고) 놓치다, 빠뜨리다 ·········110
☐ みかける(見かける) 어쩌다가 보게 되다 ·········18
☐ みさだめる(見定める) 잘 보고 판단하다 ·········33
☐ みじかい(短い) 짧다 ·········43
☐ みずっぽい(水っぽい) (음식이) 묽다 ·········14
☐ みぢかだ(身近だ) 비근하다, 일상적이다 ·········126
☐ みちる(満ちる) 가득 차다 ·········33
☐ みっかぼうず(三日坊主) 작심삼일 ·········11
☐ みつめる(見つめる) 쳐다보다 ·········114
☐ みなおす(見直す) 다시 보다, 재검토하다 ·········13
☐ みぶんしょう(身分証) 신분증 ·········39
☐ みまもる(見守る) 지켜보다 ·········26/36
☐ みる(診る) 진찰하다 ·········68
☐ むきあう(向き合う) 대면하다, 맞붙다 ·········18
☐ むく(剥く) 까다 ·········15
☐ むくわれる(報われる) 보상받다 ·········99
☐ めいわくをかける(迷惑をかける) 폐를 끼치다 ·········72
☐ めのまえにする(目の前にする) 눈앞에 두다 ·········83
☐ めんきょ(免許) 면허(증) ·········74/134

☐ めんきょをとる(免許を取る) 면허를 따다 ·········130
☐ めんどうをみる(面倒を見る) 돌봐 주다, 도와주다 114
☐ もうしこみ(申し込み) 신청 ·········102
☐ もえる(燃える) (불에) 타다 ·········16
☐ もぎテスト(模擬テスト) 모의고사 ·········102
☐ もくぜんにひかえる(目前に控える) 눈앞에 두다 ···88
☐ もくひょう(目標) 목표 ·········96/110
☐ もったいない 아깝다 ·········15
☐ もっとも(最も) 가장 ·········58/116
☐ もと(元) 전 ·········127
☐ もとめる(求める) 요구하다 ·········88/137
☐ もともと(元々) 원래 ·········38
☐ ものわすれがはげしい(物忘れが激しい)
　　건망증이 심하다 ·········18

や

☐ やすみをとる(休みを取る) 휴가를 받다 ·········130
☐ やせる 살 빠지다 ·········108
☐ やめる 그만두다 ·········86
☐ やりかた(やり方) 하는 방식 ·········86
☐ やりとり 주고받기 ·········102
☐ やるき(やる気) 의욕 ·········33
☐ ゆうえきだ(有益だ) 유익하다 ·········55
☐ ゆうし(融資) 융자 ·········13
☐ ゆうしゅうだ(優秀だ) 우수하다 ·········58
☐ ゆうわく(誘惑) 유혹 ·········98
☐ ゆかそうじ(床掃除) 바닥 청소 ·········100
☐ ゆるす(許す) 용서하다 ·········99
☐ よういん(要因) 요인 ·········116
☐ ようすをみる(様子を見る) 상황을 보다 ·········100
☐ よそ 남, 남의 집 ·········113
☐ よのなか(世の中) 세상 ·········109/116
☐ よる(寄る) 들르다 ·········97

ら

☐ ライン LINE(메시지 애플리케이션) ·········102
☐ リストラにあう(リストラに遭う) 구조조정을 당하다 86
☐ リハビリ 재활치료 ·········123
☐ りゃく(略) 준말, 약자 ·········137/141
☐ りゃくご(略語) 약어, 준말 ·········144
☐ りゅうい(留意) 유의 ·········16

□ りゅうがく(留学) 유학 ·······················87
□ りゅうこうご(流行語) 유행어 ···········137/144
□ りょう(量) 양 ····························47
□ りろん(理論) 이론 ·······················137
□ りんしょうけいけん(臨床経験) 임상 경험 ···········74
□ りんりてき(倫理的) 윤리적 ················140
□ ルー 고형 소스 ··························14
□ れいか(冷夏) 냉하(예년에 비해 기온이 낮은 여름) ······56
□ れきし(歴史) 역사 ······················94
□ レポート 리포트, 보고서 ··················95
□ れんじつ(連日) 연일 ····················111
□ ろくに 제대로 ·························111
□ ろんぶん(論文) 논문 ··················27/116

わ

□ ワークショップ 워크샵 ·················84
□ ワールドカップ 월드컵 ··················111
□ ワイン 와인 ·····················30/36
□ わかものことば(若者言葉) 젊은이 말 ·············145
□ わきばら(脇腹) 옆구리 ···················68
□ わけがわからない(訳がわからない) 영문을 모르다 29
□ わざわざ 일부러, 힘들게 ·················66
□ わずらう(患う) 앓다 ····················18
□ わすれる(忘れる) 잊다 ···············14/20/49
□ わる(割る) (음료를) 섞다 ·················141
□ ～をきにする(～を気にする) ～에 신경 쓰다 ·······116

참고 문헌

☐ 中俣尚己『日本語教育のための文法コロケーションハンドブック』くろしお出版(2014)

☐ 佐々木瑞枝『日本語らしい日本語』研究社出版(1989)

☐ 水谷修監修『日本語何でも相談』月刊日本語編集部扁、アルク日本語ブックス５(1990)

Memo

외국어 출판 40년의 신뢰
외국어 전문 출판 그룹
동양북스가 만드는 책은 다릅니다.

40년의 쉼 없는 노력과 도전으로 책 만들기에 최선을 다해온 동양북스는
오늘도 미래의 가치에 투자하고 있습니다.
대한민국의 내일을 생각하는 도전 정신과 믿음으로 최선을 다하겠습니다.

📖 동양북스

📖 동양북스 추천 교재

회화 코스북

일본어뱅크 다이스키
STEP 1·2·3·4·5·6·7·8

일본어뱅크
좋아요 일본어 1·2·3

일본어뱅크 도모다찌
STEP 1·2·3

분야서

일본어뱅크
NEW 스타일 일본어 문법

일본어뱅크
일본어 작문 초급

일본어뱅크
사진과 함께하는
일본 문화

일본어뱅크
항공 서비스 일본어

가장 쉬운 독학
일본어 현지회화

수험서

일취월장 JPT
독해·청해

일취월장 JPT
실전 모의고사 500·700

일단 합격하고 오겠습니다
JLPT 일본어능력시험
N1·N2·N3·N4·N5

일단 합격하고 오겠습니다
JLPT 일본어능력시험
실전모의고사 N1·N2·N3·N4/5

단어·한자

특허받은
일본어 한자 암기박사

일본어 상용한자 2136
이거 하나면 끝!

일본어뱅크
New 스타일 일본어 한자 1·2

가장 쉬운 독학
일본어 단어장

일단 합격하고 오겠습니다
JLPT 일본어능력시험
단어장 N1·N2·N3

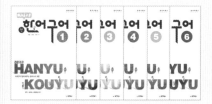

중국어뱅크 북경대학 신한어구어
1 · 2 · 3 · 4 · 5 · 6

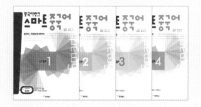

중국어뱅크 스마트중국어
STEP 1 · 2 · 3 · 4

중국어뱅크 집중중국어
STEP 1 · 2 · 3 · 4

중국어뱅크
문화중국어 1 · 2

중국어뱅크
관광 중국어 1 · 2

중국어뱅크
여행실무 중국어

중국어뱅크
호텔 중국어

중국어뱅크
판매 중국어

중국어뱅크
항공 서비스 중국어

중국어뱅크
시청각 중국어

정반합 新HSK
1급 · 2급 · 3급 · 4급 · 5급 · 6급

버전업! 新HSK 한 권이면 끝
3급 · 4급 · 5급 · 6급

버전업! 新HSK
VOCA 5급 · 6급

가장 쉬운 독학 중국어 단어장

중국어뱅크
중국어 간체자 1000

특허받은
중국어 한자 암기박사

동양북스 추천 교재

기타외국어 교재의 최강자, 동양북스 추천 교재

중고급 학습

첫걸음 끝내고 보는
프랑스어
중고급의 모든 것

첫걸음 끝내고 보는
스페인어
중고급의 모든 것

첫걸음 끝내고 보는
독일어
중고급의 모든 것

첫걸음 끝내고 보는
태국어
중고급의 모든 것

단어장

버전업! 가장 쉬운
프랑스어 단어장

버전업! 가장 쉬운
스페인어 단어장

버전업! 가장 쉬운
독일어 단어장

여행 회화

NEW 후다닥
여행 중국어

NEW 후다닥
여행 일본어

NEW 후다닥
여행 영어

NEW 후다닥
여행 독일어

NEW 후다닥
여행 프랑스어

NEW 후다닥
여행 스페인어

NEW 후다닥
여행 베트남어

NEW 후다닥
여행 태국어

수험서·교재

한 권으로 끝내는 DELE
어휘·쓰기·관용구편 (B2~C1)

수능 기초 베트남어
한 권이면 끝!

버전업!
스마트 프랑스어

일단 합격하고 오겠습니다
독일어능력시험
A1·A2·B1·B2(근간 예정)